計劃一下
享受一個輕巧自在的
悠哉小旅行

ことりっぷ  co-Trip
小伴旅

神戶

讓我陪你去旅行
一起遊玩好EASY～

走♪我們出發吧

抵達神戶後…

觀光景點和市中心
都一樣綠意盎然

務必前往神戶的中華街
南京町一遊

旧居留地
38番館

由北野天滿神社
越過神戶市區
可以看到遠方的海景

神戶的海上今天也風平浪靜
觀光船也即將回港了

> 終於到神戶了。

那麼，接下來要做什麼呢？

到北野異人館走走，
眺望港口景色，在南京町開懷大吃。
逛逛生活雜貨店也很有人氣。

還是非去不可的就是著名的觀光地北野異人館、海灣區，和南京町。古老的大樓和名牌店並陳的舊居留地，人氣也快速上升中。而女性朋友們有興趣的，則是很有神戶感覺的生活雜貨店遊逛。住宿建議訂豪華些的飯店。

check list

- [ ] 遊逛北野異人館 P.72
- [ ] 遊神戶的海灣區、美利堅公園 &神戶臨海樂園 P.68
- [ ] 南京町遊逛和大啖美食 P.84
- [ ] 舊居留地的遊逛和購物 P.90
- [ ] 逛逛生活雜貨店 P.62・114
- [ ] 住宿高格調的飯店 P.126・128
- [ ] 享受神戶的夜晚 P.53
- [ ] 異人館和古老大樓的午茶時間 P.73・96
- [ ] 郵輪出遊 P.69

異國情調的北野異人館街。
就讓思緒奔馳在過往是到居地的
這條街上吧。 P.72

光是走進有著西洋氛圍的舊居留地，就有
了奢華的氣氛。在使用中古老大樓內的商
店和咖啡廳，享受悠閒的片刻。 P.90~

在汽笛聲像雲霄的海灣區裡，
人們各有各自的時間。遊玩也好，
發呆也很不錯。 P.68

喧鬧叫賣聲不絕於耳的南京町，
只要走進小巷弄看看，
就有著不同的風景。 P.84

只有旅行才能夠靜靜地眺望
黃昏後的市區。好了，晚上要到
哪裡度過呢。 P.53

地下鐵的站舍也很古老。
明治的風貌太迷人了。

3

抵達神戶後⋯

餐廳和咖啡廳中流過
幸福的香氣和舒緩的時間

お気軽健康カフェ あげは。⯈P.1

エスプリ・ドゥ・フーケ ⯈ P.16・48

雜貨店窗上映照的溫柔
創造了神戶的風景

要吃點什麼呢？

熱鬧的中國菜搭配上飲茶，
港都的洋食、老饕們喜愛的法國菜。
別忘了剛出爐的麵包和甜點。

神戶有著豐富的食材，包含瀨戶內海的海鮮、丹波等近郊進貨的農產品等，運用這些食材的中國菜和法國菜值得一嘗。可以吃到道地風味飲茶，也是神戶的特色。傳承港都歷史的洋食、咖啡、高水準的麵包甜點也不容錯過。

既然來到了神戶，總要吃到有神戶感覺的餐點再回國吧！（洋食屋アシエット ➡ P.27）

ブランジェリー＆パティスリー コム・シノワ
➡ P.20

check list

- [ ] 道地的風味，中餐、飲茶
  ➡ P.30・32・86
- [ ] 名店匯聚的法國菜
  ➡ P.24・28
- [ ] 港都的基本款，洋食
  ➡ P.26
- [ ] 想吃剛出爐的麵包！
  ➡ P.20・22
- [ ] 美妙的KOBE甜點
  ➡ P.14・16・18
- [ ] 品味港都精釀的咖啡➡ P.36
  高等的咖啡廳餐點
  ➡ P.42

卻想吃卻不知道該吃哪塊的甜點。外帶吧？
(pâtisserie mont plus➡P.18)

要買些什麼呢？

可以期待買到很棒的物品
人氣的鞋子、包包、雜貨等等。
「像神戶的感覺」是最大的重點。

在神戶的購物不只是要買東西，請用心去體會神戶的感覺。很有港都風情的舶來品，和海洋風情的商品都值得購買。鞋子和包包的種類多元，有些觀光客還會大量購買。神戶名店的商品則可以買回去作為伴手禮。

鞋子是時尚的關鍵。
就在鞋城神戶，
尋找你最愛的一雙吧。➡ P.46

麵包也帶回國吧。應該會是大家喜愛的伴手禮。(Salvador➡ P.21)

check list

- [ ] 神戶感覺的時尚 ➡ P.44
- [ ] 買幾雙都嫌不夠的鞋子
  ➡ P.46
- [ ] 港都的招牌，海洋風情的商品 ➡ P.48・50・98・113
- [ ] 有點小划算的進口雜貨、食品 ➡ P.48・50・80・82
- [ ] 蛋糕到法式手工糖 ➡ P.14・16・18・124
- [ ] 會聞到神戶的香氣，麵包
  ➡ P.20・22

到神戶玩2天1夜

旅途中有2天的空檔，就輕裝往神戶一遊吧。
可以欣賞到山、海、街的景色和時尚感覺的港都神戶之旅。
不即不離，又酷卻又溫暖…。就來會會這樣的神戶吧。

第1天

新神戶站
↓
遊逛北野異人館
↓
在北野的法國菜餐廳
品嘗法式午餐
↓
到TORWEST
購物
↓
在TOR路喝茶
↓
南京町晚餐
↓
到美利堅公園&
神戶臨海樂園
欣賞夜景
↓
住宿神戶市內

**抵達新神戶站
由北野異人館
開始遊逛神戶吧**

在餐廳穿用正式餐點。
「和平常不一樣」真好。

11:00

首先**遊逛異人館**（☞P.72）
異國情調的氛圍，有了
「來到神戶了～」感覺。

人孔蓋的花紋
也很可愛！

13:00

嚮往的**北野ガーデン**
（☞P.78）有點晚
的午餐。還好有事先
預約。

15:00

走**TOR**路（☞P.108）南行來一
趟商店之旅。走進TORWEST
的巷弄裡，到處都是雜貨店和
咖啡廳！

想買的東西
有好多，眼睛都花了
…現在要買嗎？

16:00 在咖啡廳喝茶太棒了。

走累了小憩片刻。爵士咖啡廳
MOKUBA'S TAVERN
（☞P.111）放 鬆休息一下，
元氣復活。

18:00

前往神戶的中
華街**南京町**
（☞P.84）逛
著逛著，也到
了晚餐時分
了。

20:00

海邊（☞P.60 · 80）的燈
海原來這麼漂亮。映照在
海面的光影非常夢幻。

明天會是怎樣的一天呢。
神戶美利堅公園東方飯店
（☞P.128）晚安。

第2天

美利堅公園散步
↓
神戶港燈塔
↓
神戶港口
廣場吃午餐
↓
榮町、海岸通
尋找伴手禮
↓
舊居留地
逛街購物
↓
大丸旁的
カフェラ
享用午茶
↓
新神戶站

**吃完飯店的早餐之後
今天由海邊的散步開始**

10:00
美利堅公園(🔖P.68·70)
散步。感受清爽的晨間海
風舒緩愉悅地。

塔摩天輪看看？說不定上面看到的風景會好些哦。

11:00
登上神戶港塔(🔖P·70)
到神戶臨海樂園(🔖P.68·
70)一遊。

12:00
午餐就在**明治屋 神戶中央
亭**(🔖P.27)享用洋食。
在優雅的店內，感動於大
正時代傳承至今的美味。

一看到美麗的物品，
心裡就會發出愉悅的呼喊！

14:00
榮町通(🔖P.114)
海岸通(🔖P.112)
的小小店家裡，擺
滿了時麾的物品。
自用送禮用兩相
宜。

雜貨和甜點
是伴手禮的
首選呢。

16:00

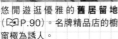

悠閒遊逛優雅的**舊居留地**
(🔖P.90)。名牌精品店的櫥
窗極為誘人。

終於要和神戶說再見了。
還想再來呢。

17:00

最後以**カフェラ**(🔖P.37)
的午茶結尾。

回程可搭CITY LOOP
※🔖別冊P.12去新神戶站

擬定計劃的訣竅

以旅行的步調來決定去
幾個地方。基本上是步
行遊逛，但是三宮到北
野的上坡路段，則搭計
程車或CITY LOOP也是
好選擇。

只有一天的小小神戶之旅

來趟小小的神戶之旅吧？
只做想做的事、去想去地方的一日遊。
找到專屬自己的神戶玩樂方法。

主題1

高架下
↓
TOR路
TORWEST
↓
舊居留地
↓
榮町、海岸通

今天的主題1

藉著購物
磨練時尚因子。

11:00
三宮一直到元町的**高架下**進行鞋子等的購物。因為顏色和設計都種類豐富。

RANDA神戶店 ☞P.47

找得到可愛生活雜貨的TORWEST是目的地。

13:00

前往**TOR路**（☞P.108）。主要逛**TORWEST**（☞P.110）的商店。途中到咖啡廳享用午餐。

Modernark pure collection ☞P.40

舊居留地（☞P.90）尋找神戶style的時尚。內裝也非常有sense。

15:00

神戶的感覺可不只是單純而已嘛。

Shooby Dooby
☞P.50・111

Bshop 神戶本店
☞P.95

ANNE SLOW ☞P.45

17:00
買雜貨要去**榮町通**（☞P.114）**海岸通**（☞P.112）。法國風格的雜貨很美。

DE LA NATURE
☞P.50・114

toucher
☞P.115

擬定計劃的訣竅

要確認營業時間。尤其是雜貨店，因為開店時間偏晚需注意。有時也會因為進貨而臨時休息，非去不可的店應先打電話確認。

主題2

三宮
↓
TOR路
↓
北野
↓
榮町、海岸通
↓
美利堅公園

今天的主題2

到處嘗嘗
神戶的美味
食物。

9:00

到JR三ノ宮站附近的**コム・シノワ ブランジェリー・パティスリー・カフェ**（☞P.20）吃早餐。剛出爐的麵包很美味！

コム・シノワ ブランジェリー・パティスリー・カフェ ☞P.20

居然一顆巧克力起就可以
在店內吃，太棒了！

11:00

在**三宮一帶**享受購物樂趣後前往**TOR路**（☞P.108）。在巧克力店享用甜點時間。

Chocolatier La Pierre Blanche
元町店 ☞P.18

步行到**北野**（☞P.72）的洋館義大利餐廳好讓肚子空出來享用。可以吃到美味的鮮魚菜色！
TRATTORIA VIVO
☞P.25

13:00

16:00

北野異人館街順道去。好了，下一站。走在北野坂上就聞到了咖啡香。神戶的咖啡也一定要品嘗。也該去pâtisserie mont plus（☞P.18）

北野坂 にしむら
咖啡店 ☞P.36

從前菜到甜點都好好品嘗，
謝謝招待！

ラウンジ&ダイニング
ピア ☞P.24

19:00

pâtisserie mont plus
☞P.18

經過**榮町通**（☞P.114）・**海岸通**（☞P.112），到美利堅公園（☞P.60·68·70）散步。眺望著神戶的海，用法國菜來劃下完美句點！

擬定計劃的訣竅

麵包和甜點可以外帶。飽足感的餐點可以混著量少的餐點食用，餐與餐之間記得活動身體消化一下。

9

大略地介紹一下神戶

南邊是海、北邊是六甲山系，山與海之間東西向展開的城市便是神戶。
也因此，神戶說地方時會用到「山側」「海側」。
你的小旅行，要從山側開始呢，還是由海側玩起呢？

神戶之旅的中心車站是三宮。

「山側」「海側」的區分
☞以JR的路線為界

JR線以北是「山側」，南邊是「海側」。記住之後，在地圖上找位置時，或向人問路時都會很方便。

從哪裡出發？
☞先從JR三宮站走起

以三宮、元町、神戶這三站。其中的三宮，是JR（只有JR稱「三ノ宮」）、阪急、阪神、2條地下鐵等合計5個車站集中的最熱鬧車站，也是最方便前往主要觀光地區的出發地點。元町站距離南京町和舊居留地、海岸通 榮町通近；神戶站則直通神戶臨海樂園。不知道該怎麼走時，先從位居中心的JR三ノ宮站出發就沒錯。

就算沒什麼事也該
☞去觀光服務處

位於JR三ノ宮站東口剪票口南側的神戶市綜合旅遊服務處資訊中心裡，可以取得神戶市內觀光的必要資訊。活動資訊、CITY LOOP等也可以詢問。

神戶市綜合旅遊服務處資訊中心
☎078-322-0220
⏰9:00～19:00（過年期間～15:00）

重的行李該寄存起來
☞方便的投幣式寄物櫃

站內的各剪票口附近都設有投幣式寄物櫃。要前往北野等山側時使用中央口；去海灣區等海側時則使用西口附近的寄物櫃最方便。

要前往郊區該搭的電車
☞JR之外的各線三宮站

阪急、阪神、地下鐵各線的三宮站都和JR三ノ宮站直接相通。要使用其他電車時，應在站內確認好之後再選擇出口。

搭新幹線到達新神戶站之後
☞搭乘地下鐵到三宮站

搭乘市營地下鐵西神、山手線前往三宮。6分、200日圓。

搭飛機抵達
神戶機場之後

搭乘PORT LINER前往三宮。18分、320日圓。

一大早到達神戶！
這種情況時的早餐

站內的DELI CAFE KITCHEN清早就開始營業，很方便。咖啡、剛出爐麵包、蛋糕等一應俱全。

DELI CAFE KITCHEN
☎078-291-5870 ⏰7:30～22:00（咖啡廳～21:45）
MAP 別冊4D-3

活力洋溢的
中華街
南京町 P.84
なんきんまち

西日本最大的中華街。約有100家餐飲店和雜貨店、食材店等，吸引了大批觀光客。春節和中秋節是觀光客最多的時候，南京町廣場為中心的一帶，整天都是熱鬧非凡。

首先，
吾去哪裡？

大倉山　花隈　三宮步行

縣廳前 JR

元町 JR 元町

西元町 南

阪急・阪神神戶高速線

JR 神戶站　みなと元町

榮町通・海岸

國際會館

神戶港塔
美利堅公

臨海樂園

神戶港

可以近距離
感受海的場所
海灣區 P.68
ベイエリア

可以近距離感受海的美利堅公園，和購物休閒設施非常完善的神戶臨海樂園。中間隔著神戶港塔，也是著名的夜景景點。

神戶的代表性鬧區
三宮～元町
さんのみや～もとまち
📷 P.100

JR、阪急、阪神等5個車站集中的終點站據點，也是熱鬧中央街所在的三宮。而元町則是西洋（High collar）神戶的發源地，現在還有許多新舊店面營業，熱鬧非凡。

異國風情的異人館街
北野
きたの
📷 P.72

有許多建於明治、大正時代，還保有居留地時代風貌的洋館。由高處可以遠眺神戶港。目前有16個館開放參觀，可以看到珍貴的家具飾品和美術品。

市內到處都有的人氣小徑
購物街區
ショッピングストリート
📷 P.107

舊居留地和北野之間的TOR路、海灣區之北的榮町通和海岸通、三宮以東區域磯上通，以及線路下方的商店街、高架下等。服裝和雜貨商店集中的這些街區，人氣度正逐年高漲中。

異國情緒洋溢的區域
舊居留地
きゅうきょりゅうち
📷 P.90

神戶開港同時對外國人開放而成立的居留地。當時建為領事館和貿易公司用途的古老洋館仍在，有著濃厚的懷舊氛圍。也是著名的時尚區。

摩耶山
掬星台
摩耶纜車
摩耶電纜車
六甲山牧場
神戶布引香草園
山陽新幹線
新神戶站
神戶布引纜車
風見雞之館
萌黃之館
萊茵館
新神戶
北野
中山手通
生田神社
鐵西神・山手線
三宮
阪急神戶線
JR神戶線
TOR路
JR 阪急 阪神
三宮站
阪神本線
高架下
三宮・花時計前
舊居留地
磯上通
43
PORTLINER
2
阪神高速3号神戶線
機場

神戶／大略地介紹一下神戶

由三宮步行前往主要觀光景點的時間，到北野約需12分、去舊居留地約7分、往磯上通約5分、南京町則是18分。

ことりっぷ co-Trip 小伴旅 神戶

CONTENTS

神戶的美味
基本款

每個地方，都有自己的特產品和鄉土料理。
那麼，神戶的著名料理是什麼？
當然，神戶牛肉絕對美味，
但要以一道菜一個詞來表示就很困難。
換句話說，整個神戶就是「美食城市」的意思。
也因此，每個人都有「我的名店」，
而這就是神戶的美味基本款了。
你也來吃吃、來逛逛，來找出你的基本款吧。

好不容易來到了神戶
在最出色的咖啡廳裡享用甜點吧

味道、外觀、sense三樣俱全的神戶甜點現正風行全日本。
像百花盛開般的冰櫃裡選出一樣送上餐桌。
神戶的小小旅程就從這幸福的咖啡時間開始吧。

溫和的陽光十分舒適！

有著療癒感覺的內裝也極為出色！

1 從露台投射進高雅店內的自然光
2 天氣晴朗時可選擇露台座
3 位於懷舊的舊居留地38番館的頂樓

開放的空間裡
度過優雅的甜點時光

PATISSERIE TOOTH TOOTH サロン・ド・テラス

‖舊居留地‖ パティスリートゥーストゥースサロンドテラス

以白色色調統一的店內優雅品嘗甜點的時間是頂級的時光。直接運用季節水果等食材美味的蛋糕，件件都是可以輕鬆享用的極品。附甜點的午餐菜色也十分值得一試。

☎0078-331-2460
🏠神戶市中央区明石町40番地
　舊居留地38番館4F
🕐11:00～20:00（L.O.餐點
　19:00／蛋糕、飲料19:30）🈺
　不定休（配合大丸神戶店）🅿有
　（使用大丸停車場）🚉JR元町站
　步行3分 MAP 91A-1

外帶OK　　內用OK

烤的酥脆的派很受歡迎

ガトーバリエ・セゾン
新茶季節的綜合拼盤
1050日圓
可以少量品嘗
當令水果派和
雪波等5種甜點的拼盤

可以吃到大方使用
當令鮮果的蛋糕

以蛋糕和茶開始。
看來將會是愉快的神戶之旅！

要吃神戶甜點的這個地方！
港都的歷史和與外國人往來的神戶糕點文化，
和咖啡廳有著密不可分的關係。空間也是味道
的根源，這就是神戶甜點的特徵。

傳承了
法國的精神

パティスリー グレゴリー・コレ 神戸・元町本店

‖元町‖ パティスリー グレゴリーコレこうべもとまちほんてん

曾擔任尼斯著名Negresco飯店糕點
長的GREGORY COLLET開設的法式
咖啡廳。運用食材原味而且重視法國
傳統的蛋糕，既華麗又美味。

アブソリュ 525日圓
以巧克力和焦糖的慕斯，
將烤布蕾包覆起來的
人氣No.1蛋糕。

ミルフィーユ ショコラ クレーム
630日圓
有著淡淡紅茶與柳橙風味
的海綿蛋糕上，鋪上滿滿
的巧克力醬。

☎0120-888-081（免付費電話）
⌂神戶市中央区元町通3-4-7 ⏰10:30～
19:30（咖啡廳～19:00）休週四（假日則營
業）P無 🚉JR元町站步行3分 MAP別冊
7B-3

一直是
人氣店！

タルトフロマージュ 420日圓
將濃郁的乳酪奶油鋪在
堅果派皮上，再放上新鮮的莓果
和芝麻菜的果凍

元町商店街上格外醒目的
厚實外觀

店內充滿了高雅時尚的氛圍

外帶OK　內用OK

神戶的美味基本款／最出色的甜點咖啡廳

蛋糕底層是
年輪蛋糕！

每日蛋糕（附冰淇淋）580日圓＋新鮮水果的水
果茶735日圓／抹茶乳酪蛋糕〔圖片〕等每日更
換的內用蛋糕是當天的樂趣

キャラメルブティ（1塊）75日圓
一口大小的年輪蛋糕
上覆上焦糖。

自製バーム
クーヘンケーキ350日圓～
大量使用當令鮮果
的年輪蛋糕也是
人氣商品。

東急HANDS對
面的時髦店家

外觀可愛的
デコバーム

ma couleur

‖三宮‖ マ・クルール

細心烘焙年輪蛋糕的專門店。2樓、3
樓的咖啡廳裡，可以品嘗到鬆軟濕潤
且色彩多樣的自製年輪蛋糕等各具特
色的甜點。

☎078-321-7337
⌂神戶市中央区下山手通2-1-14 ⏰11:00
～22:00（咖啡廳12:00～）、週日、假日（連
假時為最後一天）～20:00（咖啡廳～
19:30）休不定休 P無 🚉JR三ノ宮站步
行5分 MAP別冊5C-3

外帶OK　內用OK

洋菓子專門店的咖啡廳之所以受歡迎，是因為可以在優雅氛圍裡享用現做甜點的緣故。

15

味道和外觀都屬高規格
神戶的蛋糕像是寶石一般

神戶的蛋糕多采多姿且種類眾多，常令人不知道該選哪一樣。
此篇收集了各種店家聞名的蛋糕，
吃了一口就會不由得滿面笑容。

神戶大師製作的纖細蛋糕
エスプリ・ドゥ・フーケ

‖三宮‖

FOUQUET'S 品牌的旗艦店。要吃到只在神戶吃得到、有著40年歷史印證的道地美味，就在此店了。

☎078-392-0103 🏠神戶市中央區下山手通2-1-1 🕐11:00～23:00／（內用～22:30、週日假日販賣～22:00／內用～21:30）🈺無休 🅿無 🚃JR三ノ宮站步行5分 MAP別冊5C-3

外帶OK　內用OK

品味頂級蛋糕與優雅的空間
神戶旧居留地 美侑

‖三宮‖ こうべきゅうきょりゅうちみうち

1樓是工房和店面，2樓則是時尚的咖啡廳。纖細而口味不重的蛋糕，外觀設計的美感也富吸引力。

☎078-392-3735 🏠神戶市中央區三宮町2-9-3 センターサウス通り 🕐12:00～19:00（咖啡廳～18:00）🈺週二 🅿無 🚃JR元町站步行4分 MAP別冊6D-1

外帶OK　內用OK

搔到女性心中癢處的豐富派類
ア・ラ・カンパーニュ 三宮店

‖三宮‖ アラカンパーニュさんのみやてん

備有多種不會太甜又顏色鮮豔的派。店內有著南法感覺的時尚氛圍。

☎078-322-0130 🏠神戶市中央區北長狭通1-10-6 ムーンライトビル1F 🕐11:30～23:00（週五六、假日前日～23:30、週六11:00～／內用～22:30、週六～22:50）🈺無休 🅿無 🚃JR三ノ宮站步行3分 MAP別冊5C-3

外帶OK　內用OK

人氣的標準款

太人的味道

フレーズショート
473日圓
使用入口即化而膨鬆的海綿蛋糕，夾著北海道十勝產的鮮奶油和酸甜可口的草莓。

とろりガナッシュ・フランボワーズムース 473日圓
酸酸甜甜的覆盆子慕斯上鋪上色彩繽紛的果凍。軟滑的甘納許巧克力有著溫和的味道。

奶味蛋的味道

葡萄酒也組合

シシリー
588日圓
奢侈使用義大利西西里島生產開心果的濃郁慕斯。

W (Double)
525日圓
3個國家3種不同乳酪具有的原味，淡淡甜味濃縮在一起的聞名蛋糕。

口感輕輕的生乳酪蛋糕

採滿都是新鮮的水果

フロマージュブラン
473日圓
乳酪慕斯＋鮮優格，Sablé餅乾和覆盆子極為對味。

タルト・メリメロ
578日圓
白巧克力加上卡士達奶油，裝飾著水果的奢華派。

內用的＋α的樂趣♪
內用時，部分咖啡廳會在裝蛋糕的盤子上做了漂亮的裝飾後送上來。不但看起來更加華麗，味道也更上層樓。

鬆鬆軟軟 只於底用

カフェ シュニッテン
368日圓
維也納著名的一道。
以蛋白霜夾住咖啡奶油，輕淡爽口的甜味。

草莓季節的繁趣

エルトベアザーネ トルテ
399日圓
草莓清爽的甜味和酸味，和牛奶巧克力慕斯的美妙結合。草莓季節限定。

神戶唯一的維也納甜點店
カフェ コンディトライ・ランドルト
‖三宮‖

擁有奧地利國家公認製糕點大師稱號的八木主廚施展功力的店。店內滿是質樸而單純的蛋糕。

☎078-326-4511 ⌂神戶市中央区三宮町1-10-1 さんちか10番街グルメスクエア內 🕐10:00～20:00(內用～19:30) 🈺第3週三(7、12月無休) 🅿無 🚃JR三ノ宮站步行3分 MAP別冊4D-4

| 外帶OK | 內用OK |

葡萄酒香醇製 大人的烝美 遠味

ワインとブドウのレアチーズ
480日圓
加入發酵乳而味道有深度的乳酪和榛子的最佳組合。

涼爽的 柚子圓味

シヴァラ
420日圓
使用了VALRHONA牛奶巧克力的人氣蛋糕。

ホテルメイドの贅沢な菓子
菓子sパトリー
‖三宮‖ かしスパトリー

HOTEL PIEAN KOBE的點心坊。洋生菓子只在神戶才吃得到，內用可在飯店內的沙龍享用。

☎078-272-3366 ⌂神戶市中央区二宮町4-20-5 HOTEL PIEAN KOBE 1F 🕐10:00～18:00(內用～17:30) 🈺無休 🅿有 🚃JR三ノ宮站步行7分 MAP別冊4F-1

| 外帶OK | 內用OK |

澤滿而 烝美

ルージュ
450日圓
用白巧克力慕斯包覆住覆盆子醬。外觀可能會有變化。

鬆鬆 軟軟

ミュウ
380日圓
以泡芙為內餡，放入鮮奶油和大量水果而成。

以鬆軟蛋糕聞名
菓子工房Pâo・de・lo
‖元町‖ かしこうぼうパオデロ

店名在西班牙文上是「海綿」的意思。尤其以瑞士捲最為有名，男性和帶小孩前來的熟客也多。

☎078-371-7222 ⌂神戶市中央区元町通5-6-4 🕐10:00～21:00(咖啡廳～20:00 🈺不定休 🅿無 🚋阪神神戶高速線西元町站即到 MAP別冊3B-3

| 外帶OK | 內用OK |

店家會改變蛋糕的設計和種類，以免客人吃膩，但這也是樂趣之一。

神戶的美味基本款／神戶的蛋糕像是寶石一般

馬卡龍、巧克力、果凍也別忘了！
KOBE 小小糕點之旅

現在，甜點的最尖端是法式手工糖。
展示櫃內漂亮擺放的小小糖果誘發人們的懷舊感受。
前往小小的糕點之旅，讓你更喜歡神戶…。

法國風味洋溢的
個性派甜點店

pâtisserie mont plus

‖海岸通‖ パティスリーモンプリュ

表現法國傳統性格的人氣烘焙甜點坊。在一個糕點裡施以細微的技術，來調整甜味的強弱或是組合不同的香氣等。不使用人工材料也是特色之一。

☎078-321-1048
♔神戶市中央区海岸通3-1-17
🕙10:00～19:00（內用～18:30）週二 P無 🚉JR元町站步行5分 MAP別冊7B-3

バート・ドゥ・フリュイ
1個210日圓
將水果泥加上砂糖煮出的濃郁味道果凍。共有覆盆子等5種口味。

マカロン
1個210日圓
共有7種的超人氣馬卡龍。餅皮有些厚度，外層酥脆而內餡Q彈可口。

運用可可豆特色的
包餡巧克力糖

Chocolatier La Pierre Blanche 元町店

‖元町‖ ショコラティエラピエールブランシュもとまちてん

以「純粹、單純、自然」為主題的巧克力工房。製作以運用不同產地可可豆特色的包餡巧克力糖為中心。烤的甜點、果醬也十分受到歡迎。

☎078-321-0012
♔神戶市中央区下山手通4-10-2 🕙10:00～19:00（週日～18:00）週二 P無 🚉JR元町站步行5分 MAP別冊5A-3

グランカカオ
1個220日圓
使用75%具有野性香氣特徵的義大利產可可豆的巧克力。風味卓越。

エスカルゴ
1個220日圓
加入酥酥脆脆的堅果糖。使用可可豆40.5%巧克力的圓融風味。

有深度又華麗的
義大利甜點

カファレル神戶 旧居留地店

‖舊居留地‖ カファレルこうべきゅうきょりゅうちてん

義大利的老字號巧克力品牌「CAFFAREL」的直營店。占度亞等有著可可豆強烈香氣的巧克力，以及獨特美味的果凍、糖果等，種類十分豐富。

※2014年1月已調整過價格

☎078-331-7416
♔神戶市中央区京町71山本ビルB1F
🕙11:00～19:00（18:00LO）
無休 P無 🚉JR三ノ宮站步行7分 MAP別冊6E-2

ジャンドゥーヤ
1個157日圓
加入了義大利产埃蒙特州产榛子泥，味道濃醇的巧克力。

ノッチオロット
1個210日圓
占度亞裡加入大顆榛子，可以吃到口中爽脆的口感。

什麼是法式手工糖？
就是以砂糖做，可以長時間保存的糖果。可以看作是法國的糖果餅乾，包含有牛奶糖、夾心糖、馬卡龍等。

ムラング
1袋500日圓
用蛋白加砂糖打泡後烤乾的糖果。入口甘糖輕易可食，口味分為3種。

プラリネ・アマンド
1袋300日圓
讓砂糖結晶後裹住杏仁果。入口後香甜酥脆，一吃就停不下來。

ギモーヴ
1種1袋250日圓
法國版的綿花糖。只以糖漿和明膠製成，獨特的口感會讓人上癮。

ベラベッカ
2500日圓
法國亞爾薩斯地方的傳統點心。以大塊的方式販售，如圖般切成薄片後食用。

デュシェス
1個220日圓
焦糖和堅果做的堅果糖，輕烤而成可蘿餅香酥可口的牛奶巧克力。

クリスタルマロン
1個320日圓
將義大利產的栗子以糖漿和香草煮成。沒有添加酒類，兒童也可以食用。

エスプレッソ
220日圓
有著強烈香氣的濃縮咖啡焦糖和甘納許巧克力。入口即化的焦糖美味之至。

ゆず
220日圓
有著嚴選日本產香橙果凍的新鮮香氣，可吃到和純苦巧克力完美調和。

ユーロコイン
1個105日圓
比一般牛奶巧克力的牛奶成份更高的特製牛奶巧克力。

てんとう虫・はち・かえる
1個210日圓
在婚禮上十分受歡迎的牛奶巧克力小禮物。可愛的表情令人忍俊不住。

きのこ
1個157日圓
有數種顏色各異的設計，味道是加入了占度亞奶油。

フルーツゼリー
1個42日圓
可以吃到多汁的口感。有香蕉、櫻桃、柳橙、草莓、鳳梨等5種口味。

在店內品嘗蛋糕，外帶法式手工糖。把糖果放入口中，在甘甜芳香中遊逛糕點街也是不錯的享受。

因為神戶是「麵包城」
絕對要在店內享用剛出爐的麵包

哦，好香。停下腳步時就在麵包店前了。
在有許多麵包店的神戶，這種事其實是經常發生的。
現在就去大人氣的店內享用剛出爐的新鮮美味吧。

這家店特有的個性派麵包
和創意無限的三明治種類

ブランジェリー&パティスリー コム・シノワ

‖磯上通‖

集工房、店鋪、咖啡廳於一身，擺滿了剛出爐的麵包。使用不同種類的麵粉，引出麵粉特性的好味道麵糰是此店的特色。大方使用蔬菜和水果的鹹麵包、甜麵包種類也多；咖啡廳的午餐，可以吃到由世界各國的菜色和食材得到靈感做出的菜色，值得一試。

☎078-242-1506（販售）
☎078-242-1502（咖啡廳）
🏠神戶市中央区御幸通7-1-16
三宮ビル南館 B1F
🕐8:00～19:00（咖啡廳8:00～18:00LO）
🈳週三 🅿無
🚃JR三ノ宮站步行4分
🗺別冊4E-4

外帶OK　內用OK

↓麵包商品的陳設有時會改變

麵包的好伴侶
本日例湯
630日圓

↑位於大樓地下樓南側，裝飾可愛的店內　↑使用當令蔬菜的美好滋味

除了綜合三明治1050日圓之外，還可以享用店面販售的各種麵包（圖為示意圖）。

バゲット コムシノワ
262日圓／此店的招牌法國麵包。外皮香酥，內則感受到小麥原有的甘甜。

クロワッサン サク
178日圓／有厚度的每一層，一口咬下香酥美味的可頌麵包。

パン ポムドテール
388日圓／義式香草麵包麵糰加入馬鈴薯泥做成的人氣麵包。

Bebe（貝貝）
336日圓／像是"嬰兒臉頰"般柔軟的鄉村麵包。

※會有部分季節變動商品、每季更動設計和水果的商品，以及價格變動的商品。
※店內享用時不一定能吃到所有本書介紹的麵包。

當地人喜歡的麵包是什麼？

神戶相較於其他地方，會日常地食用硬麵包系列的配餐麵包。搭配各種食材享用，是神戶派的吃法。

外觀高雅的麵包咖啡廳

Salvador

‖榮町、海岸通‖ サルヴァドール

在榮町格外引人注目，是當地女性和情侶們經常光顧的店。進到時尚的門內，就有滿滿剛出爐的麵包，也可以享用咖啡或葡萄酒、法式鹹派的午餐等。

☎078-333-9988
🏠神戶市中央区栄町通2-1-3
🕚11:00～21:00（イートインは11:30～）
🈺無休 🅿無
🚃JR元町站步行5分
MAP 別冊7C-3

外帶OK　內用OK

メンチカツバーガー350日圓／炸碎肉排和有芝麻粒的漢堡麵包很美味，而且份量十足的麵包。

イングリッシュマフィンサンド180日圓／切達乳酪和里肌火腿的三明治，加熱後更加美味。

プチパン9個入り500日圓／可以吃到9種味道，也是受歡迎伴手禮的小麵包組合。

麵包的良伴
冰咖啡
550日圓

↑使用加了特製天然酵母可頌麵包做的Kouign Amann（前）220日圓。可以搭配烤的可麗露（100日圓）和司康（180日圓）享用

概念是「精品店般的店」

BOULANGERIE「Le Dimanche」

‖TOR路‖ ブーランジェリールディマンシュ

像是精品店一般的店內，麵包就像寶石般地擺放，用可愛的粉紅色麵包店提袋時髦地外帶。可以用電話訂餐，2、3樓是咖啡廳。

☎078-331-8760
🏠神戶市中央区北長狭通 3-12-16 T&Kビル
🕙10:00～20:00（咖啡廳～19:30）
🈺無休 🅿無 🚃JR元町站步行5分
MAP 別冊5B-4

外帶OK　內用OK

ハチミツがけクリームチーズ231日圓／加了葡萄乾的裸麥麵包覆奶油乳酪再淋上蜂蜜，十分對味。

小さなフルーツデニッシュ120日圓／扁桃泥和著名派皮構成的帶餡點心。

ロンド137日圓／不用油炸而是烤成的健康甜甜圈。

麵包的好伴侶
拿鐵咖啡
S 315日圓
L 368日圓

↑部分1樓的空間和2、3樓的沙龍可以內用。（圖為示意圖）

外帶固然不錯，但在店內享用剛出爐的麵包又是風味獨具哦。

特別要注意長銷型麵包
神戶人愛吃的老字號麵包店在此

開港之後有許多外國人生活過的神戶，
有許多德國式、法國式等烘焙正統麵包的麵包店。
長年受到喜愛的麵包裡，就一定有其美味的理由。

長銷型麵包

磚窯烘焙出的老店麵包

→ブラウンブレッド加核桃、葡萄乾（L）105日圓
麵糰內加入了裸麥，但酸味溫和容易入口。另有不加料的。

↑レーズン630日圓
鬆軟口感的葡萄麵包。肉桂、檸檬油的美好香氣更受好評。

↑ウイナー
（德國熱狗麵包）525日圓
戰後的吉田茂首相每天都會買，具有德國風味的美味麵包。

這也要 CHECK!

←シナモンバンズ157日圓
有著肉桂風味加上葡萄乾點綴的肉桂捲。吃來份量十足。

長銷型麵包

100餘年歷史做出的風味與香氣

→バゲット305日圓
帶出麵粉原有的風味，保留了法國傳統的外形。

↑三宮本店ハードトースト（半條）336日圓
拉長發酵時間，引出麵糰風味的土司。

→パネトーネ473日圓
用酵母發酵的義大利傳統糕點。風味極佳有著豐富的味道。

這也要 CHECK!

← 但馬牛カレーパン210日圓
將燉煮到透的但馬牛肉加上洋蔥甘甜的烤咖哩麵包。

フロインドリーブ　　SINCE 1924
‖新神戶‖

由第一次世界大戰後到日本的Freundlieb先生開創。讓麵糰長時間發酵，並在紅磚窯裡烤出來的麵包，愈嚼愈感到美味。建築物原本是教堂，有著教堂氛圍的2樓咖啡廳也很受歡迎。

☎078-231-6051
⌂神戶市中央區生田町4-6-15
🕙10:00～19:00
🈺週三　🅿️無
🚉JR三ノ宮站步行12分
MAP別冊8E-3

外帶OK　　內用OK

ドンク 三宮本店　　SINCE 1905
‖三宮‖ ドンクさんのみやほんてん

1905（明治38）年創業，是日本推廣製作道地法國麵包的歷史名店，製作麵包講究運用麵粉原有的風味，十分值得信任。咖啡廳內的三明治和自製鬆餅備受好評。台灣名為東客麵包。

☎078-391-5481
⌂神戶市中央區三宮町2-10-19
🕙9:30～20:00
（咖啡廳2F～19:30LO、3F為11:30～19:30LO）🈺不定休
🅿️無　🚉JR元町站步行3分
MAP別冊5B-4

外帶OK　　內用OK

※會有部分季節變動商品、每季更動設計和水果的商品，以及價格變動的商品。
※店內享用時不一定能吃到所有本書介紹的麵包。

趁著種類還很多時造訪

由於麵包是依序在爐中烤出，因此不同的時段麵包的種類也有不同。種類仍多的時段大約在中午前後到傍晚。

「神戶的麵包店」做出的人氣硬山形土司

長鎖型麵包

→ハード山食
(1條)756日圓、(2段)252日圓
藉著長時間發酵帶出了麵粉的風味和美味，出爐後香氣撲鼻。

→牛すじ煮込みカレー
199日圓
將神戶長田名產的牛筋煮到軟爛，再加入味道溫和的咖喱裡。

→トレロン
(1條)525日圓、(半條)262日圓
包覆的熱狗長度令人驚訝的麵包，也加了粒狀黃芥茉很受男性客人喜歡。

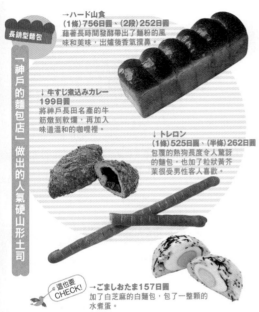

遊也要
CHECK!
→ごましおたま157日圓
加了白芝麻的白麵包，包了一整顆的水煮蛋。

販售道地法國味道Bigot的店

創業者推薦

→バタール242日圓
比法國麵包粗，但柔軟部分較多的麵包，可以享受到和麵包皮的對比美味。

→ルヴァン酵母のクロワッサン189日圓
使用Levain種天然酵母的可頌麵包。風味和麵包的口感極佳。

↓クリームパン147日圓
中間滿是自製卡士達醬的著名奶油麵包。

遊也要
CHECK!

←野菜のフォカッチャ
232日圓
放滿南法鄉土菜「普羅旺斯燉菜」的鹹麵包。

イスズベーカリー 北野坂店 SINCE 1946

‖三宮‖ イスズベーカリーきたのざかてん

人氣的硬山形土司，是帶出麵粉原有美味又吃不膩的味道。店內擺放了工房和附近的總公司送來的約200種麵包，也有多種三明治和烤的糕點。

☎078-391-3963
⌂神戶市中央区中山手通1-8-18
互陽ビル1F ⏰10:00～23:00(週五六～24:00、週日假日～22:00)
㊡無休 Ⓟ無
🚃JR三ノ宮站步行5分
MAP別冊4D-3

外帶OK

ビゴの店 三宮店 SINCE 1972

‖三宮‖ ビゴのみせさんのみやてん

以法國麵包指導員身份到日本的Philippe Bigot開設的店。由於麵包是主食，因而重視材料的品質，並堅守法國的傳統，每天提供現烤的麵包。非烤蛋糕和烤的糕點也值得一嘗。

☎078-230-3367
⌂神戶市中央区御幸通8-1-6
神戶国際会館B2F
⏰10:00～20:00
㊡不定休 Ⓟ無
🚃JR三ノ宮站步行5分
MAP別冊6F-1

外帶OK

號稱麵包消費日本第一的神戶市內有許多麵包店。街角的小小麵包店也值得注意。

和重要的人一起
特別的日子就要來這家餐廳

在眼前就是臨海樂園的海景餐廳，
或古城般氛圍的餐廳裡輕鬆享用的鮮魚義大利菜。
旅行途中來此享用，這一天就會是無法取代的「紀念日」。

海景
的餐廳

享用地中海菜色欣賞美麗海景
ラウンジ&ダイニング ピア

‖美利堅公園‖ ラウンジアンドダイニングピア

可以多元方式享用地中海菜色和自製甜點的全日餐廳。將玩心和食材均衡搭配，主廚自豪的菜色每道都是極品。可以在眼前的海景和港口夜景下，享受著奢侈的時光。

☎078-325-8110（神戶美利堅公園東方飯店 餐廳預約）
⛫神戶市中央区波止場町5-6 神戶メリケンパークオリエンタルホテル3F ⏰10:00～22:00（21:00LO）🈺無休 Ｐ有 🚌各線三宮站免費接駁巴士20分 MAP別冊10D-4

設計成每個座位都看得到海

由輕鬆的義大利麵到時令鮮魚的全餐都可以選擇的自選式午餐值得品嘗

時光舒緩流逝的豪華空間

也可以欣賞美麗的海上夜景

在店內享用人氣的盤裝甜點（840日圓～）

菜色會因季節和進貨而改變。

特別的日子享用一下？

晚餐每月菜色
晚餐全餐 7350日圓～
・開胃菜
・每月前菜
・每月的鮮魚菜色
・每月的精肉菜色
・每月甜點
・咖啡或紅茶

自選式午餐 2100日圓
・前菜
・主菜（義大利麵、魚菜色、肉菜色，由9種中自選1種）
・咖啡或紅茶
※費用均為含稅，服務費加收10%

ラウンジ＆ダイニング ピア看到的夜景
除了窗外可以欣賞海灣區的燈海，再加上店內
的燈光映照在玻璃窗上與店外的夜景交疊，營
造出了獨特的美感。

神戶的美味基本款／特別的日子就要來這家餐廳

豪邁地享用鮮魚義大利菜

TRATTORIA VIVO
‖北野‖ トラットリアヴィーヴォ

提供當令海鮮與蔬菜的餐飲店。以精準的眼
光與進貨的能力，將靠近瀨戶內海的神戶特
有新鮮魚貨以低廉的價格供應。晚餐的菜色
包含了前菜、主菜和義大利麵約提供50種的
選擇。菜色天天更換。

☎078-231-0599
⌂神戶市中央区山本通2-2-2
🕐11:30～14:00、17:00～21:30 ㊡週四 🅿無
🚃JR三ノ宮站步行10分
[MAP]別冊9C-4

髭鯛和葡萄酒最為對味。
葡萄酒杯裝700日圓起，瓶裝3500日圓起

石造建築有著厚實的氛圍。設有活魚箱，晚餐時可以點用後調理

山手
的餐廳

窗外的風景

特別的日子享用一下？

單點菜色
髭鯛的
義式水煮魚

2900日圓～
（價格視合材・季節變動）

將約30cm的魚和貝類同煮，
是味道鮮美的一道菜

午餐
午餐全餐 1200日圓～
綜合前菜、義大利麵、麵包

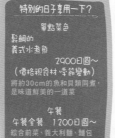

位於山本通的
半地下樓層

午餐的本日三種綜合生拌菜2500日圓

要在ラウンジ＆ダイニング ピア用餐，可去美利堅公園逛逛；而要去TRATTORIA VIVO用餐的話，則可以排入北野異人館遊逛。

就因為想要感受店內的氛圍⋯
這就是了，神戶風格洋食店

費工費時使用優良食材調理的洋食料理。
在很有神戶威覺的多采店內享用
集主廚創意與發想於一身的傳統菜色。

內裝樸素卻有懷舊
威覺的店內

menu
蛋包飯850日
圓。將雞肉炒飯用
薄蛋皮包覆，再淋
上蕃茄醬享用的古
早式風味

menu
紅酒燉牛肉2700
日圓。長時間另外
燉煮的軟嫩日本產
牛肉淋上大量的半
釉汁而成

在有著懷舊而
時尚的空間裡品嘗的洋食

グリル十字屋

‖舊居留地‖ グリルじゅうじや

1933（昭和8）年創業的老字號洋食
店。燉煮2整天再陳放1天做成的半
釉汁美味無比。最受歡迎的牛肉燴飯
（900日圓），和酥炸牛肉排、漢堡
肉排等都是創業時就有的菜色。以溫
暖的氛圍和懷舊的口味來招待客人。

menu
酥炸牛肉排1500
日圓。是淋上美味
的半釉汁，使用日
本產牛肉做的炸牛
肉排

☎078-331-5455
神戶市中央区江戸町96 ストロングビル1F
⏰11:00～19:30 週日（假日不定休）P無
JR三ノ宮站步行7分
MAP別冊6E-2

神戶的美味基本款／神戶風格洋食店

有人一吃就幾十年的歷史風味

明治屋 神戶 中央亭

‖神戶臨海公園‖ めいじやこうべちゅうおうてい

於造船業最盛的1926（大正15）年創業。可以仔細品嘗美味關鍵半釉汁的紅酒燉牛肉和紅酒燉牛舌都值得一嘗。

☎078-360-6728
🏠神戶市中央区東川崎町1-6-1 モザイク1F
🕐11:00～14:30、17:00～21:00（週六日、假日為11:00～21:00）🈑無休 🅿無 🚉JR神戶站步行8分 MAP別冊11C-3

> menu
> 中央亭特製牛舌可樂餅1470日圓。以燉煮過的牛舌夾住貝夏梅醬油炸而成

> menu
> 紅酒燉牛肉2210日圓。半釉汁絕妙的酸味讓牛肉美味更加提升的頂級菜色

輕鬆享用名店伊藤グリル的風味

洋食屋 アシエット

‖南京町‖ ようしょくやアシエット

高級洋食店「伊藤グリル」的姊妹店。醬汁和美乃滋都一樣，肉類等的部位不同但是使用相同品質的肉品，因為可以低價享用名店的口味而大受歡迎。

☎078-331-2818（伊藤グリル）
🏠神戶市中央区元町通1-6-6
🕐11:30～14:30、17:00～20:30
🈑週三（逢假日時則翌日休）
🅿無 🚉JR元町站步行3分
MAP別冊7C-2

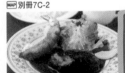

> menu
> 重現大正時代配方的伊藤グリル咖哩飯850日圓。將第一代在SAVOY飯店學到的風味保留至今

> menu
> アシエット套餐1500日圓。可以同時吃到高人氣的燉煮漢堡排和炸蝦。附杯湯和米飯

和總店同樣用心調理的料理

グリル一平 元町店

‖元町‖ グリルいっぺいもとまちてん

總店位於神戶市西部新開地的洋食名店。招牌菜色是淋上大量味道柔美半釉汁的漢堡排，古早風味的蛋包飯等菜色也一直有著高人氣。

☎078-331-1144
🏠神戶市中央区元町通2-5-6
🕐11:00～20:30
🈑週一（逢假日則翌日休）
🅿無
🚉JR元町站步行3分
MAP別冊7B-3

附米飯和迷你沙拉的漢堡排1600日圓。心形的荷包蛋是元町店獨有的

搭配葡萄酒享用的港都大人的洋食

洋食屋 神戶デュシャン

‖三宮‖ ようしょくやこうべデュシャン

由老練的法國菜大廚掌廚。洋食菜色都是和葡萄酒對味的大人味道。也可以吃到神戶牛肉和當地海鮮；半釉汁的美味一直有很高的評價。

☎078-272-2720
🏠神戶市中央区八幡通4-1-27 D グラフォート神戶三宮タワー1F
🕐11:30～15:30（15:00LO）、17:30～23:00（22:00LO）
🈑不定休 🅿無 🚉JR三ノ宮站步行5分 MAP別冊6F-1

午餐套餐的燉煮漢堡排1580日圓

神戶美食…
其實最推薦的是法國餐廳

在不缺美食的神戶
最不能忽視的就是神戶法國餐廳。
務必品嘗將當地食材調理成的法國菜。

珍惜餐廳的
「特別感」

ル・フェドラ

‖北野‖

在「Jean Moulin」和法國「Le Fedora」學藝過的梅原崇人志主廚開設的店。華麗而印象強烈的菜色，讓人感受到法國菜的真實風味。在珍惜著濃郁香氣和多采醬汁的傳統同時，也會搭配使用日本的食材等。餐盤和餐具的高級感和個性，也是用餐的樂趣之一。在紀念日到訪的客人也多。

漂亮整潔的
店內

位於北野的僻靜小路上

☎078-252-8337 ⌂神戶市中央区山本通2-14-18 神戶マンション1F
🕐11:45～14:00、17:30～21:00 週三（逢假日則翌日亦休）
🅿無 🚃JR三ノ宮站步行15分 MAP別冊9C-3

co-Trip點菜單

主廚的特配全餐
12705日圓～
告知菜單和喜好。由主廚搭配而成全餐的特惠全餐

午餐全餐 4389日圓～
全餐裡的螃蟹沙拉頗有高人氣

全餐裡的1道菜。海鮮沙拉附芒果，佐魚子醬汁。魚子醬的鹹味和芒果的酸味讓美味更具深度

全餐裡的1道菜。爛烤干貝與鮑魚 佐松露汁。以薑類的甘甜與松露的精華溶為一體的醬汁享用

神戶法國菜高水準的理由

創造出「Jean Moulin」、「Cuisine Franco Japonaise瀨田亭」等夢幻名店的神戶，這段歷史也傳承了下來。

美味而美麗蔬菜的豐富的風味

キュイジーヌ フランコ ジャポネーズ マツシマ

‖北野‖

以蔬食聞名的餐廳；肉類菜色和鮮魚菜色也都會附上時蔬菜色。食材的美味以鹽來引出，醬汁也會使用巧克力和醬油等。

☎078-252-8772
⏠神戶市中央区山本通3-2-16
ファミールみなみビル1F
🕐11:30～14:00、17:30～21:00
（預約制）㊡週三＋不定休（逢假日則翌日休）Ｐ無 🚉JR三ノ宮站步行10分 MAP別冊9A-4

餐桌之間有足夠的間距，可以輕鬆用餐

co-Trip點菜單

全餐3900日圓、7875日圓、11025日圓（另收服務費）
午餐和晚餐的菜色相同，價內均更智惠料理，以7875日圓的全餐最受歡迎
湯（季節更替）840日圓
選用當令時材料理，有小蕪菁、蘆筍等

全餐的1道菜，嫩煮和牛頰肉。以葡萄酒和黑胡椒等長時間燉煮的牛肉既軟爛又入味

季節時蔬由各地供貨

注意健康意識的大人的法國菜

ル レストラン マロニエ

‖三宮‖

使用有機蔬菜和新鮮海鮮的輕法式菜色。有著繪畫裝飾的高雅氛圍店內，使用的餐具也都是愛馬仕和Richard Ginori等的高級品。

☎078-331-5526
⏠神戶市中央区三宮町2-2-1 ラム三宮ビル2F
🕐11:30～14:00、18:00～21:00
㊡週一（逢假日則翌日休）Ｐ無 🚉JR元町站步行5分 MAP別冊6D-2

位於大丸神戶店附近大樓2樓，氣氛高雅的餐廳

甜點也享有高人氣

co-Trip點菜單

晚餐全餐
3900日圓～
由店家從廣裡選擇喜歡菜色的自選式點菜方式。主菜價格全餐7500日圓起，可以配合預算和喜好（最好先約定）
午餐 2800日圓～

前菜一例「日本各地的海鮮和蔬菜以各自的調理法做出的招牌風格沙拉」（內容因季節而變動）

優質點心是藝術品
在神戶成為飲茶通後再回國吧

輕而小的菜色是點心，點心搭配茶水食用就是飲茶。
涼菜、蒸籠、炸品加上甜點，還有麵和粥。
「慢慢吃，吃飽飽」就是最幸福的吃法。

杏仁豆腐
可以吃到自製杏仁豆腐特有的滑潤口感。

飲茶全餐
2625日圓

可以吃到全部著名點心的全餐。
除了拼盤之外，蒸籠、烤品、炸品、
麵、粥、甜點等一應俱全。

廣州炒麵
將蔬菜和蝦仁等食材炒過勾芡後淋在炸過的麵上而成。這家店說炒麵時指的就是這道麵點。

蝦仁腸粉
米粉做的皮包住鮮蝦和韭黃的內餡蒸成。會淋上特製的醬油醬汁。

叉燒包
此店人氣最高的點心。以秘傳醬料調過的叉燒味道十分獨特。

蝦仁粥
將白米和干貝等燉煮而成，味道十分鮮美。蝦仁的清爽感是美味的重要因素。

拼盤
自製叉燒、自製泡菜、蒸雞、沙拉的拼盤。

春卷、芝麻球
炸品只使用沙拉油炸成，因此輕淡而不膩口。芝麻球內餡是豆沙餡。

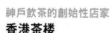

豬肉燒賣、牛肉燒賣、香菇燒賣、水晶餃、鮮蝦餃
使用日本產的鮮肉和海鮮以香港的手法做出的燒賣和餃子，有人說比香港的味道更高雅。

神戶飲茶的創始性店家
香港茶楼
‖トアロード‖ ほんこんちゃろう

可以吃到飲茶與廣東名菜超過100種。香港籍的廚師配合日本人的口味做成，油只使用植物油，容易入口。飲茶午餐和晚餐都可以點用，有全餐和迷你套餐可供選擇。也提供單品的點心，搭配空心菜炒神戶牛肉（1575日圓）等單點菜色享用更加美味。

神戶最早的飲茶專門店，於1978（昭和53）年開業　　店內是單層的開放空間

☎078-391-5454 ⚑神戶市中央区北長狭通3-2-3 ニューグランドビル2F
🕐11:30～15:00、17:00～21:00(週六日、假日晚餐為16:30～)
🈺週三(逢假日則連休二日) Ⓟ無 🚃JR元町站即到 ᴹᴬᴾ別冊5B-4

點心的小知識

點心有媽媽味道的平民派，以及由專家也就是點心師做的點心。要做的小又美是需要技術的。

午餐貪心全餐（限午餐、2人起）

2500日圓

除了飲茶點心組合之外，一共可以吃到9道菜的划算全餐。生菜豬碎肉更是不可錯過。

飲茶套餐（限午餐）

1280日圓

包含上海的代表、有著熱乎乎湯汁的小龍包，以及蒸、炸點心各2道的簡單午餐套餐。

使用當令食材的道地廣東菜

群愛飯店 本店

‖元町‖ ぐんあいはんてんほんてん

在神戶有半世紀歷史的著名餐廳。可以享用到第2代經營者主廚用日本國內收穫的中國蔬菜和海鮮等新鮮食材，做成種類豐富的廣東菜和點心。

☎078-332-5203 ⌂神戶市中央区中山手通3-4-6 🕐11:30～15:00、17:00～21:30（週六日、假日為11:30～21:30）㊡第1、3週四 🅿無 🚃JR元町站步行5分 MAP別冊5B-2

可以在1樓、2樓的寬敞空間裡，享用道地的美味

由鯉川筋向山方向走。綠藍色招牌很醒目

以風味出群的上海小龍聞名

上海料理 蓮 南京町店

‖南京町‖ しゃんはいりょうりれんなんきんまちてん

所有的廚師，都是在上海的國際飯店等高級餐廳工作過的正統派。重視食材原有的香氣，尤其以上海小龍包、大閘蟹（9月～12月）更是著名的佳餚。

☎078-391-3885 ⌂神戶市中央区元町通2-1-11 🕐11:00～15:00、17:00～22:00 ㊡無休 🅿無 🚃JR元町站步行3分 MAP別冊7B-2

桌席可以感受到在中國的感覺

位於南京町廣場附近大樓的2樓

在中國，飲茶是由早上到中午都可以享用，但神戶則以午餐為主流。部分店家晚餐也提供點心。

在神戶CHINA品嘗這一道
如果要2個人去就要這麼吃才對

神戶有許多富有吸引力的中國菜餐廳。
人數不多不好意思進去？不知道該吃什麼嗎？
錯了，現在2個人也OK。可以試試這種吃法。

吃法 1

由拼盤開始挑選。
冷菜、熱菜和淡味、濃味
搭配組合。

福（5色拼盤）1470日圓
福（前菜5種盛り合わせ）

將當天推薦的前菜，擺放得繽紛美麗的拼盤。

帝王蟹綠豆粉絲煲1050日圓
タラバガニと 豆はるさめの土鍋煮込み

以合理價格提供高級中餐的著名菜色。味道清爽，飽含螃蟹鮮味的粉絲更是美味無比。

海寶勾芡炒麵
1260日圓
海宝あんかけ
きそば

肚子
還有空間的話
可以追加

在炒好的麵上，淋上使用大量蔬菜和海鮮做出來的勾芡汁。

北京菜的老店設計
可以享受整體的菜色、空間、服務

老房 神戶店

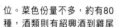

‖TOR路‖ らおふぁんこうべてん

由北京菜名店神仙閣設計的休閒式中國菜餐廳。空間的設計力求可以舒適用餐，對服務也十分講究。店內寬敞，設有櫃台座、包廂、日式坐墊座等，也可以指定座位。菜色份量不多，約有80種，酒類則有紹興酒到雞尾酒等約70種。

☎078-331-7050
⚲神戶市中央區下山手通2-12-9
🕚11:30～14:30、17:00～22:00
㊡無休 Ｐ有 🚃JR三ノ宮站步行5分
MAP 別冊5C-3

點菜的訣竅

2個人以點3道菜為原則。點菜時若能涼菜、熱菜混著點，又能由淡味開始享用的話，到最後都不會覺得膩；麵類和飯類則在考慮份量後點用。

神戸式中餐廳的情況
神戸市內女性可以輕鬆入內，人數少也可以享用的中餐廳數量快速增加。新店以這種形態居多，也有可以挑選菜色份量的餐廳。

吃法 2

聰明地選擇套餐或全餐
全餐外的餐點則用加點的方式

鴛鴦火鍋 1人分5250日圓
將肉、海鮮、蔬菜等的料放在湯中煮過後食用的中式火鍋，點菜為2人起。由推薦菜色中自選2道加上火鍋為套餐，高湯則由4種湯中選擇2種。另有不同內容的3675日圓、7350日圓套餐。

推薦菜色2道
可以吃到前菜等各季節不同的菜色2道。

高湯
鴛鴦火鍋的鴛鴦二字是指紅白湯的意思，基本是將白色的雞肉高湯和紅色的辣味高湯放入分隔好的鍋中。

火鍋料
蔬菜、海鮮、肉類、魚漿製品、粉絲和年糕等，共可以吃到26種不同的料。不同季節時內容也會變動。

麵、餛飩
使用名為伊府麵的煮過後油炸的粗麵，久煮不爛最適合火鍋使用。鮮蝦餛飩是點心師傅自己製作的。

沾醬
可自桔醋、辣味醬、中國醬油醬等3種沾醬中自行選擇。

神戸的名店經營的副品牌餐廳
少人數也可享用的廣東菜和火鍋
China Modern Liang You
‖三宮‖ チャイナモダンリャンヨウ

由廣東菜名店良友酒家經營的時尚餐廳。不分日夜都可以吃到著名的鴛鴦火鍋，以及各種菜色和點心師傅做的點心。火鍋在總店需要4人以上預約，但此店則只要2人即可訂位，菜量和價格也是以少人數為前提訂定。味道方面當然和總店相同，也是由正統廚師負責料理。

☎078-333-6684
⌂神戸市中央区三宮町3-9-20 神戸南泰ビルディングB1F
🕐11:30～15:00、17:00～22:30（LO餐點21:30、飲料22:00）
㊡第1、3週二（逢假日則翌日休）㊡無 🚲JR元町站步行3分
MAP 別冊5B-4

椰奶風味
白湯圓 525日圓
椰奶中放進了包了滿滿黑芝麻餡湯圓。

神戸說到中國菜雖然以南京町最有名，但TOR路周邊也有名為「Tor China」的中餐廳集中區域。

神戸的美味基本款／雙人品嘗神戶CHINA

用餐時間之外也OK的
很神戶感覺的輕鬆菜色，就是這個

雖然肚子沒有很餓的感覺，但有時會突然想吃東西。
拉麵、餃子、肉包。
既然到了神戶，就來嘗嘗這有來頭的一道菜吧。

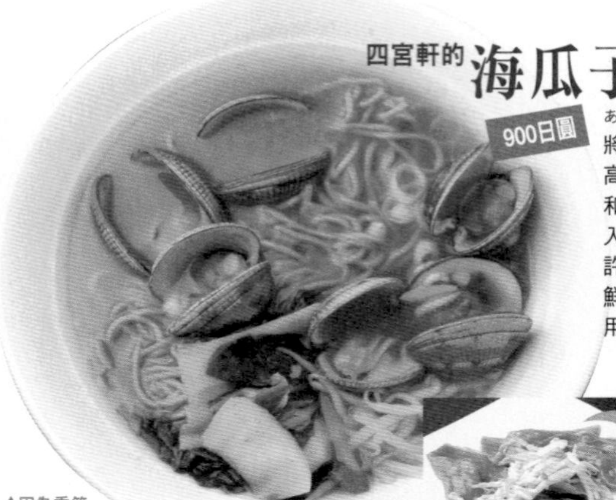
900日圓

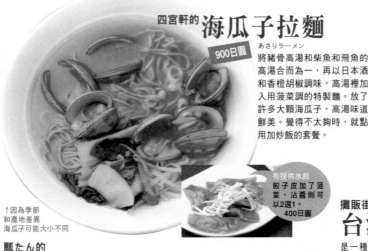

↑因為季節和產地差異海瓜子可能大小不同

四宮軒的 海瓜子拉麵

あさりラーメン

將豬骨高湯和柴魚和飛魚的高湯合而為一，再以日本酒和香橙胡椒調味，高湯裡加入用菠菜調的特製麵。放了許多大顆海瓜子，高湯味道鮮美。覺得不太夠時，就點用加炒飯的套餐。

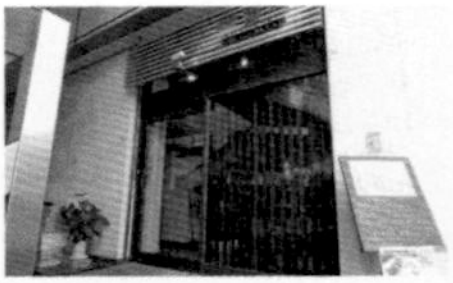

四宮軒 ‖三宮‖ しのみやけん

☎078-222-5346 ⌂神戸市中央区琴ノ緒町5-6-3 三共ビル1F ⏲11:30～15:00、17:00～翌1:00(22:30～酒吧開放。賣完即打烊) 休週日、假日不定休 P無 🚉JR三ノ宮站即到 MAP別冊4E-3

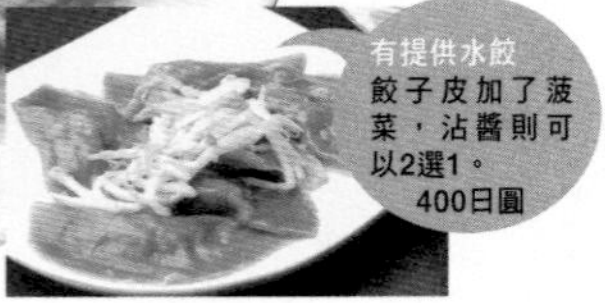
有提供水餃
餃子皮加了菠菜，沾醬則可以2選1。
400日圓

瓢たん的 煎餃

焼き餃子

每天早上只使用麵粉手工製作的餃子皮偏厚，有著紮實的口感。滿滿地包著由高麗菜和豬絞肉精心調製的餡。剛煎起鍋的煎餃味噌沾醬食用。

瓢たん

‖元町‖ ひょうたん

☎078-391-0364 ⌂神戸市中央区元町通1-11-15 ⏲11:30～22:30 休不定休 P無 🚉JR元町站即到 MAP別冊7C-2

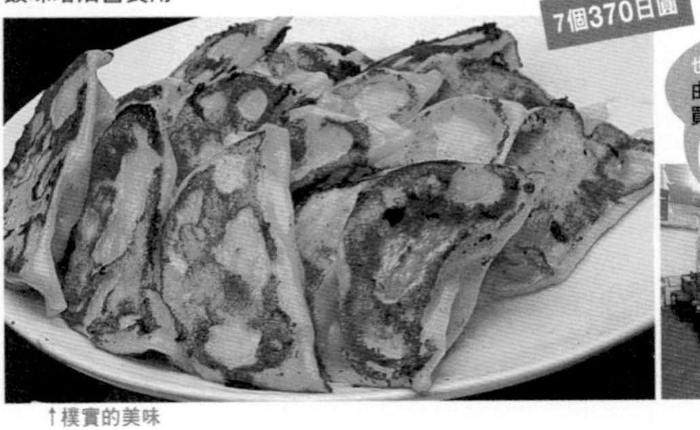
7個370日圓

↑樸實的美味

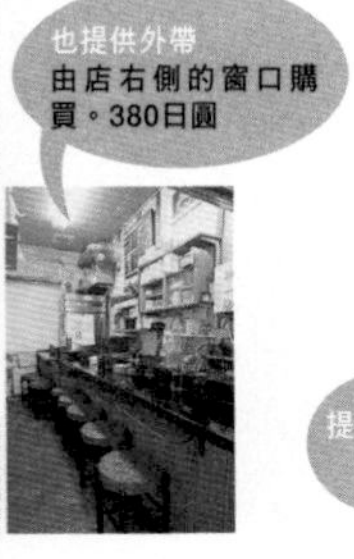
也提供外帶
由店右側的窗口購買。380日圓

攤販街的 台灣漢堡

是一種名為刈包的包子。膨鬆的皮夾著滷到軟爛的控肉和炒過的酸菜，和肉包有著不同感覺的美味。

攤販街 ‖南京町‖ たんふぁんちぇ

☎078-331-1195 ⌂神戸市中央区栄町通1-3-17 ⏲11:30～20:00 休週三(逢假日則翌日休) P無 🚉JR元町站步行4分 MAP別冊7C-3

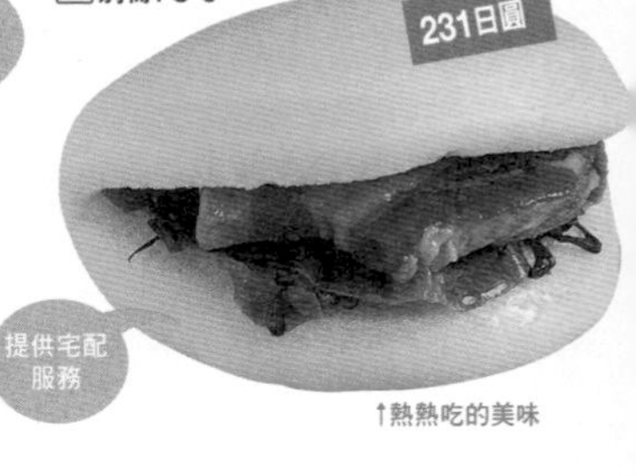
231日圓
提供宅配服務

↑熱熱吃的美味

神戶的味噌沾醬

味噌沾醬的起源以瓢たん（🔖P.34）的一說較為有力。據說約50年前，第一代店主在嘗試錯誤之下，終於發明了以八丁味噌做出味噌口味的沾醬。

神戶的美味基本款／很神戶感覺的輕鬆菜色

↓可以在店內享用

→滑順的口感

提供創意麵點
各季節都提供自製創意麵點，拌麵也美味

也有姊妹店
到對面的「曹家包子館」買香菇包子

老祥記的
肉包「豚まん」

3個270日圓

將豬絞肉和蔥花以醬油調味拌攪好後，以家傳的包子皮包好蒸熟，有Q勁的包子皮口感是美味的關鍵。冷掉之後用油煎好沾醋醬也很美味，但在店前面享用熱乎乎的包子才真是種享受。

老祥記
‖南京町‖ろうしょうき
☎078-331-7714
🏠神戶市中央区元町通2-1-14
🕙10:00～18:30(賣完即打烊)
🈲週一(逢假日則翌日) 🅿無
🚃JR元町站步行5分
MAP 別冊7B-2

天記的
蝦仁餛飩麵「えびワンタン麵」

900日圓

通透清澄的高湯裡，放有Q彈有口感的極細麵和餛飩。餛飩是用豬絞肉和蝦仁攪拌過後，加入整顆蝦仁的手工餛飩。乾的涼麵也很受歡迎。

香港麵專家 天記
‖元町‖ほんこんめんせんかてんき
☎078-391-5151 🏠神戶市中央区元町通1-9-2 🕙11:30～20:00(賣完即打烊) 🈲週三 🅿無 🚃JR元町站步行4分
MAP 別冊7C-2

↓創意十足

7種10個1260日圓

提供健康的水餃
低熱量博得女性的喜愛

上海餃子的
水餃

煮好的餃子不配湯不沾醬直接享用。Q彈的餃子皮後就是滿口調好味道的餃子餡香味和美味。綜合水餃可以享用到白肉魚、蝦仁和芹菜、冬瓜等7種口味。

上海餃子 南京町店
‖南京町‖しゃんはいぎょうざなんきんまちてん
☎078-392-2128
🏠神戶市中央区元町通2-3-18
🕙11:00～19:45 🈲週三 🅿無
🚃JR元町站步行5分
MAP 別冊7B-3

咖啡的香氣最符合港都的感覺
旅途中在這家店喝上這一杯

神戶有許多和咖啡相關的「日本最早」。
第一家咖啡廳、最早的罐裝咖啡、最早的炭火烘焙…
請仔細地品味神戶的咖啡文化。

←卡布其諾1000日圓要搭配
肉桂粉和純苦巧克力與粗粗
的肉桂棒享用

在北野的綠意環繞下
優雅的咖啡廳

北野坂 にしむら珈琲店

『北野』 きたのざかにしむらこーひーてん

原是會員制的優雅獨戶建築。備件和
椅子保持了古老的原狀，可以品嘗到
使用6種豆子調出的綜合咖啡、蛋糕
等。2樓是法國菜餐廳。

創業1948年

Coffee List
唯薦
招牌綜合咖啡
豆 　自家烘焙
型態
濾布滴泡式
風味 溫和圓融

☎078-242-2467
⇧神戶市中央区山本通2-1-20
🕙10:00～22:00 (2樓餐廳是
11:00～20:30) 休無休 P無
🚋JR三ノ宮站步行7分
MAP 別冊9C-4

↑熱咖啡上浮著
冷的鮮奶油的維
也納咖啡
950日圓

↑招牌綜合咖啡800日圓牛奶和
糖壺用銀色托盤送來也很優雅

可以舒緩享受的
古早而溫暖的氛圍

エビアン

『元町』

1952年時開業的自家烘焙咖啡店，現
在是第二代的兄弟守著原有的美味。
咖啡店後門飄出磨咖啡豆的香氣，窗
戶上的裝飾藝術調的LOGO引人目
光。

創業1952年

Coffee List
唯薦
綜合咖啡
豆 　自家烘焙
型態
蒸氣式
風味
清爽的苦味

☎078-331-3265
⇧神戶市中央区元町通1-7-2
🕙8:30～18:30 休第1、3週三
P無 🚋JR元町站即到
MAP 別冊7C-2

↑一整年飄著的咖啡香和
神戶不可或缺的風景

→現磨的咖啡豆100公克450日
圓起。重度咖啡愛好者則以500
公克袋(右) 2000日圓較划算

↑熱咖啡300日圓有著微微的酸味，苦味清爽

炭火烘焙是什麼？
用炭火烘焙咖啡豆會有更好的風味…。開發出這種炭火烘焙方式的，是神戶的萩原珈琲株式會社。萩原的咖啡豆受到全日本愛好者的喜愛。

品嘗有深度的美味
在緩緩流逝的時間中

茜屋珈琲店
‖三宮‖あかねやこーひーてん

安靜而沉穩的店內，可以品嘗到大方使用最高級炭火烘焙豆子沖泡的咖啡。自製巧克力蛋糕和咖啡很對味，被評為「貴但是美味的蛋糕」而有高人氣。

☎078-331-8884
🏠神戶市中央区北長狹通1-9-4 岸卯ビル2F ⏰12:00～22:00 🈺不定休 🅿無
🚃JR三ノ宮站即到
MAP 別冊5C-4

←綜合咖啡酸味苦味十分均衡，是有深度的味道。和「貴但是美味的蛋糕」很對味

創業1966年

Coffee List
推薦　綜合咖啡
豆　茜屋特選
　　綜合咖啡
型態　濾紙濾泡式
風味　醇・酸味和苦味

←創業當時是全日本第一家高級的咖啡廳
←濾紙濾泡式沖泡咖啡

開放式咖啡廳的風景
是舊居留地的象徵

カフェラ
‖旧居留地‖

位於大丸神戶店的沉穩氛圍的開放式咖啡廳，重現義大利原味的卡布其諾有著很濃郁的香氣。季節限定蛋糕和小塊的三明治（170日圓～）很受女性喜愛。

☎078-392-7227
🏠神戶市中央区明石町40 大丸神戶店本館1F ⏰9:45～20:30(21:00打烊)
🈺不定休 🅿有
🚃JR元町站步行3分
MAP 別冊6D-2

←卡布其諾600日圓，咖啡苦味和圓潤奶泡極為美味。奶泡上劃出的圖樣也是人氣原因之一

開店1997年

Coffee List
推薦　卡布其諾
豆　UCC自家綜
　　合豆
型態　濃縮咖啡
風味　醇・苦味

← 像是身處外國的露台座。不分季節都擠滿了愉快聊著天的客人

舊居留地 P.90的風景，
就像是歐洲城市的街頭一般。
早上飄散著咖啡的香氣，
白天是滿滿購物的人潮，
夜晚時行道樹上像星星般
一點起小燈泡的街區。
明明是大都會，
時間的流逝
卻十分緩慢，
也是這個地方的特徵。

很神戶的感覺，就是這樣的

不經意在轉角轉個彎，
就發現到處是可愛的雜貨小鋪，
那兒還有可以輕鬆休憩的咖啡廳，
進了咖啡廳，還有美味的午餐可以享用。
好穿的鞋子可以低廉價格買到，
還順便帶上幾件優質的衣服。
恰到好處、漂亮而有著好品味…
很神戶的感覺，就是這樣的。

雜貨×舒緩咖啡廳
樂趣也是相乘的舒適空間

神戶是咖啡的城市、ZAKKA的城市。
如果真是,那麼出現雜貨店咖啡廳二合一也就不足為奇了。
有著這種幸福的空間,就是,神戶的感覺。

功能性的衣服很齊全

整棟大樓是鬆弛身心的空間
トアウエストアパートメント

‖TOR路‖
TOR路位於TORWEST約正中間,內有Modernark系列的4家店進駐。
⌂神戶市中央区北長狭通3-11-15 Ⓟ無
🚉JR元町站步行5分
ᴍᴀᴘ別冊5B-3

ZAKKA ✕ CAFE

新舊形形色色的雜貨和衣服
Modernark モダナーク
雜貨不問年代和製造國家,以兼具設計性和實用性的貨品為主;也販售使用有機棉的衣服和價格公平的嬰兒服。

☎078-391-3052
🕐11:30〜20:00 ㊡無休

有機棉的嬰兒用品1000日圓起

有益身體的餐點和甜點
Modernark pharm cafe
モダナークファームカフェ
使用有機食材和天然糖、提供素食菜色等追求自然的咖啡廳。不只是美味,還可以放心食用更令人歡喜。店內有著寬敞悠閒的氛圍。

☎078-391-3060
🕐11:30〜22:30(週日〜22:00)
㊡不定休

除了蛋糕套餐等午茶時段的餐點之外,也有許多使用糙米和蔬菜的菜色

進的貨都是「看不膩的貨色」
Modernark pure collection
モダナークピュアコレクション
店內的商品都是自然而樸實的衣服、包包、文具、雜貨、護膚商品等。

光線會讓外觀改變的rainbows works的P-rhythm(稜鏡)5460日圓(左)和7140日圓

☎078-391-3053
🕐11:30〜20:00 ㊡無休

北歐的精美雜貨與餐點&甜點

店內陳列了餐具、織品和文具等

可愛的北極熊存錢筒2520日圓

ARABIA公司Krokus系列的咖啡杯＆盤14700日圓

著名的餅乾Hallongrottor3個270日圓，和德島aalto咖啡的Alvar綜合咖啡500日圓

kaffe,antik markka

‖北野‖ カフェアンティークマルカ

可以找到從北歐的日常雜貨到藝術家製作的商品等店主自行採買的雜貨；咖啡廳裡則可以吃到手工的北歐糕點和季節更換菜色的餐點。

☎078-272-6083 ⌂神戶市中央區山本通3-1-2 谷口ビル2F ⏰11:00～19:00（咖啡廳～18:00）㉛週三、四 ℗無 🚃JR三ノ宮站步行8分 🗺別冊9A-4

周圍全是自然物品的咖啡廳
BÉRET

‖栄町通‖ ベレ

講究材料和設計下精選出的衣服、襪子、雜貨；附設的咖啡廳裡，可以吃到午餐套餐和蛋糕組合。

來自吃天然飼料長大的羊的羊奶無添加肥皂，搭配添加乳油木果油的自製肥皂1575日圓

會推出期間限定甜點的咖啡廳

☎078-321-0569 ⌂神戶市中央区栄町通3-1-18 ハーバービル2F ⏰12:00～19:00（咖啡廳～18:30）㉛不定休 ℗無 🚃JR元町站步行6分 🗺別冊7B-3

陳列著樸實而溫暖感覺的雜貨

骨董有許多只有一件

商店的空間像是展示廳一般

自調的綜合咖啡豆1050日圓（200g）具有適合調製咖啡歐蕾的香氣

自製的雜貨類也不容錯過

最適合午茶享用的甜點

縫製用的布料及其布邊都極具趣味。法國製的亞麻布料1680日圓

可以加入我的最愛、長期使用的雜貨
TRITON CAFÉ ‖北野‖ トリトンカフェ

咖啡廳和雜貨店。身兼設計師的店主精選雜貨，都漂亮到讓人心動；骨董和文具也值得一看。咖啡廳則可以品嘗到自製的餐點。

☎078-251-1886 ⌂神戶市中央区中山手通1-23-16 シャンティビル2F ⏰12:00～20:00 ㉛不定休 ℗無 🚃JR三ノ宮站步行10分 🗺73B-2

很神戶的感覺，就是這樣的／雜貨×咖啡廳

店家會有不定期的更動，像是部分季節咖啡廳不營業，蛋糕只在週末供應等。請事先詢問。

獻給想輕鬆地、美好地、美味地用餐的人
咖啡廳餐點的推薦菜色

不只是茶美味，連餐點都美味就是神戶的咖啡廳。
和風餐、法式鹹派、披薩、稀飯午餐等一應俱全。
想要輕鬆用餐時的好選擇。

日式餐點

義大利菜

可以感受到季節的おもてなし膳

haus diningroom

‖海岸通‖ ハオスダイニングルーム

讓人天天都會想吃的均衡午餐，以及使用當令食材，略有奢華感覺的季節おもてなし膳，菜色都可以感受到和食師傅的用心。

☎078-327-4581 ⌂神戶市中央区海岸通1-2-15 2F ⏰11:30～19:30 ㊡不定休 ㏿無 🚃JR元町站步行5分 [MAP]別冊7C-3

〔午餐時段〕每日套餐840日圓，加150日圓可升級附飲料。山藥麥飯的御膳，和週六日限定的季節おもてなし膳等，都感受得到主廚的用心。
〔午茶時段〕專屬糕點師製作的蛋糕和甜點很受歡迎。可搭配手沖濾泡咖啡享用。

設計成森林感覺的閒適咖啡廳

森のイタリアンCAFE coro・pitte

‖元町‖ もりのイタリアンカフェコロピッテ

位於古老大樓2樓的隱士型咖啡廳。石窯烤出來的披薩，以及有著大量蔬菜的義大利菜很受歡迎。店內有各種顏色和造形的沙發，有居家的感覺。

☎078-332-3560 ⌂神戶市中央区元町通2-9-1 元町プラザビル 2F ⏰17:00～22:00(週六日、假日為11:30～15:00、17:00～22:00) ㊡第1、3週二 ㏿無 🚃JR元町站即到 [MAP]別冊7B-2

〔午餐時段〕週六日假日從限定的7種披薩中自選一種的披薩午餐（1000日圓～），套餐的飲料共有7種，含酒精飲料；前菜（加400日圓）也值得一嘗。※內容可能變更。
〔午茶時段〕綜合甜點盤880日圓～，有寫字的餐盤很可愛。

一般的咖啡廳餐點，大都以咖哩飯或是三明治為主流，但是神戶的咖啡廳餐點，則像一般餐廳般地道地，種類也多元，可以享用到正式的餐點。

很神戶的感覺，就是這樣的／咖啡廳餐點

香港粥

法式鹹派

有益美容與健康的香港粥&甜點

香港甜品店 甜蜜蜜 元町店

‖元町‖ ほんこんすいーつかふぇていむまっまっもとまちてん

使用有益美容與健康食材的香港粥和甜點，還可以喝到由當地進貨的中國茶等。在像是香港古早味茶館般的空間裡，享受美好的咖啡廳時光。

☎078-322-3530
🏠神戶市中央区三宮町3-1-16 三星ビル地下 🕐11:30～21:00（餐點～20:00、飲料～20:30）、週日～20:00（餐點～19:00、飲料～19:30）🅇第2週二 🅿無 🚃JR元町站步行3分 [MAP]別冊6D-2

〔午餐時段〕每日替換的粥、大量蔬菜的粥（如圖）、皮蛋鹹肉粥三選一的「美膚香港粥套餐」值得一嚐。附特製蘿蔔糕、藥膳小菜、油條980日圓。
〔午茶時段〕品嘗使用中國茶和藥膳食材的甜點。圖為加了有益健康的龜殼精華的「龜苓膏椰奶&冰淇淋」630日圓。

巴洛克音樂伴襯下的舒適空間

cafe & bar anthem

‖海岸通‖ カフェアンドバーアンセム

有著溫柔放鬆感受的樸實內裝店內，是店主人非常喜愛的「antiques tamiser」所設計。完全手工的菜色和甜點都有著高格調。

☎078-771-4914
🏠神戶市中央区海岸通2-3-7 グランディア海岸通4F 🕐11:30～22:30 🅇無休 🅿無 🚃JR元町站步行5分 [MAP]別冊7B-3

〔午餐時段〕法式鹹派午餐800日圓。內有使用當令時蔬的鹹派和小菜2道、附湯、沙拉、自製麵包。另有義大利麵午餐900日圓和燉菜午餐850日圓。
〔午茶時段〕最有人氣的熔岩巧克力蛋糕500日圓。還可以為客人在拿鐵等做拉花。

43

目標是「自然不做作的高格調」
神戶的The基本款服裝

有著恰到好處的美，綑了也不失高雅，
在正式的場合裡，和朋友約見面時，都可以放心穿著。
這就是，正統 神戶的The基本款服裝。

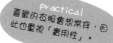

practical
喜歡的衣服會想常穿，因此也重視「實用性」。

my favorite!
以簡單為基本。基本的「清爽感」也有神戶的感覺。

←休閒派到正式場合都可以穿著的BARBA正式襯衫 27300日圓

↑擁有創業120年的歷史，SAINT JAMES的巴斯克衫10500日圓。布料紮實，愈洗會愈有味道，每天會想要穿著的舒適感，擁有許多愛用者（Cinq essentiel）

←高雅的藍色褪色極受歡迎的RESOLUTE的丹寧褲 23100日圓

→repetto的娃娃鞋（27300日圓）有著豐富的顏色搭配

for Adults

→兒童用Woodby和相同設計的成人用Boston。麂皮19950日圓

↑光面皮19950日圓

優質的法式
休閒的提案
Cinq essentiel

‖磯上通‖ サンクエッセンシャル

精選以SAINT JAMES、repetto等歐洲品牌為主的商品，其中多有獲得超越世代的喜愛，簡單又舒適的單品。備有男裝、女裝和兒童的服飾。

☎078-265-1181 ⌂神戶市中央區御幸通5-2-15 大同ビル1F
⏰11:00～20:00 ㊡不定休
Ⓟ無 🚉JR三ノ宮站步行5分
MAP別冊4F-4

腳會喜歡的舒適感
BIRKENSTOCK KOBE

‖舊居留地‖ ビルケンシュトックコウベ

1774年創業的德國品牌，是BIRKENSTOCK的夥伴。鞋款由基本款和季節款構成，每年會將約300種鞋款更新2次。

☎078-325-0331 ⌂神戶市中央區浪花町59 神戶朝日ビルディング1F ⏰11:00～20:00 ㊡無休
Ⓟ無 🚉JR元町站步行10分
MAP別冊6D-2

for Kids

↑兒童用為16.5cm到22cm。Woodby7875日圓有深褐色和淺褐色二種

「健康涼鞋」→博得世界性人氣

↑有著許多搭配衣服的鞋款

↓刺繡有珠子的INGELEX手
環為12075日圓起

Feminine
雖然不需要過度的裝飾,但是清新的「女性感覺」卻很重要。

神戶與西方衣服
1872年時,英國人卡貝爾在居留地開設了全日本第1家的西服店。之後,神戶便成為了聞名的時尚都市。

←自創蕾絲女用襯衫
(21000日圓~)重點
是偏小的衣領

Tvaditional
不無謂追求流行的就是神戶。因此這家店就是全家人的喜愛。

←觸感和穿著的舒適度都極好的訂製襯衫。下訂到完成約需3個星期。使用日本布料為15750日圓起,使用進口布料則為26250日圓起

重點就在這裡!
最後的細致作工一眼便可看出,漂亮的衣領

↑ANTIPAST的襪子
(2100日圓~)有著
多樣的花色

↑包包2萬日圓起。
圖為mononogu的單肩包22050
日圓。有2個大小也可以側背,非
常好用

↑良好的技術和高格調二者兼具
的店是神戶人的榮耀

很神戶的感覺,就是這樣的／神戶的The基本款服裝

有格調的
大人可愛感覺
ANNE SLOW
‖舊居留地‖アーンスロー
以歐洲城市街角可見的西服店形象設計,精選手工製作可以長年使用的衣服。Sophie Digard的披肩和ANTIPAST的衣服都很齊全。

☎078-332-1557 �🏠神戶市中央
区海岸通4番地 新明海ビル1F
🕐11:00~19:30 🅚週三
🅿無 🚉JR元町站步行5分
MAP 別冊6D-3

精選了許多容易搭配的衣服和配件

真正的時髦…
專屬自己的襯衫
神戶シャツ
‖三宮‖こうべシャツ
1951年創業的襯衫專門店。選好布料、量好尺寸後按照自己喜好的外形手工完成的襯衫。可以買到訂製服特有的高品質襯衫。

☎078-331-2168 �🏠神戶市中央
区三宮町3-1-6
🕐10:00~19:00 🅚週三
🅿無 🚉JR元町站步行5分
MAP 別冊6D-2

←創業時用到現在的手寫顧客資料本擺放成排

因為是有許多鞋店的都市
一定可以找到你喜歡的那一雙

大家都說真正的時尚由腳下開始，
今天就拿出精神買雙好鞋吧。
可愛又高雅而且好穿的，好好挑神戶的鞋。

名為"燈塔之家"的
精品店
Spitifaro

‖舊居留地‖ スピティファーロ

以「古典時尚」為主題，對於由腳下開始的時尚提出建議。以品項齊全的各式鞋子為中心，到成衣、包包、配件等可以做出整體搭配的新型態精品店。

☎078-381-9643
🏠神戶市中央區江戶町101番地101 三共生興スカイビル1F
🕐11:00～20:00 不定休 🅿無
🚃JR三ノ宮站步行7分 MAP 別冊6E-2

愈穿愈合腳的
皮鞋的優點
creation

‖元町‖ クリエイション

店內都是超喜歡皮鞋的店主精選的品牌。因為愈穿愈合腳以及可以欣賞經年的變化等，店內大部分都是皮鞋。店內還可以訂製不同顏色的鞋款，以及神戶獨一無二的鞋款等。

☎078-322-0028
🏠神戶市中央区元町通2-6-16 森岡ビル1F
🕐12:00～20:00
㊡週四(達假日則營業) 🅿無
🚃JR元町站步行3分 MAP 別冊7B-2

尋找的目標…
國內外的美麗皮鞋

PELLICO的高跟鞋
42000日圓
腹切功力超群的華麗威演出

Clarpierce的
短靴
37800日圓
有女性感覺帶有圓弧的足尖搭配側面的扣環很高雅

很有港都感覺的白牆配上藍色門令人印象深刻

FABIORUSCONI的
平底鞋 16800日圓
足尖的顏色成為了調和整體的重點

creation的手工鞋
12600日圓
做成了極軟的感觸，彈性很好的一雙鞋

常有情侶光臨的人氣店

尋找的目標…
優質品·手工鞋

creation的
手工低跟鞋
21000日圓
使用極為穩定的鞋跟，走路舒適的真皮低跟鞋

SPACE CRAFT的
mannish shoes
24150日圓
可愛的復古風設計很◎

神戶鞋店多的原因是什麼？
因應舊居留地外國人的需求，神戶的製鞋技術
發達的結果。現在也以「神戶的穿到爆（神戶
の履きだおれ）」一句話聞名全日本。

最找的目標…
要漂亮 要休閒

船形低跟鞋6490
日圓以金色修飾邊
緣成心形的前頭部
分非常可愛。低跟
也是重點

加縫線裝飾高跟鞋
6990日圓
加了縫線的立體緞帶是重
點

幾何圖案短靴
8490日圓
男性化的配色和彩色色塊
設計很有時尚氛圍

鞋子都是原創商品

由基本款到最火熱流行
的鞋款都有
RANDA神戶店

‖高架下‖ ランダこうべてん

店內有很齊全的高美腿效果女鞋和靴
子。以流行尖端為概念的原創性設
計，可以為你的腳下帶來時尚。

☎078-331-6478
⌂神戶市中央区北長狭通2-31-47
🕐11:00～20:00
休無休 P無 JR三ノ宮站步行3分
MAP別冊5C-4

訂製你喜歡
顏色的鞋款
COULEUR VARIE 神戶元町店

‖元町‖ クロールバリエこうべもとまちてん

可以由基本31色豐富顏色裡，訂製樸
實而好穿的鞋子。可以訂製的鞋款有
6種，也有各季的原創鞋款。還可以
訂製包包來搭配鞋子。

最找的目標…
要有多種顏色可以選擇

帆船鞋
9345日圓
包覆住腳踝部分的橡
膠底既時髦又好穿

芭蕾娃娃鞋
9975日圓
豐富的色彩選擇和
緞帶是人氣的訣竅

芭蕾娃娃鞋10500日圓
以柔軟素材做出的2公分的低
跟

當地回頭客很多的元町商店街
內的商店

☎078-326-7676
⌂神戶市中央区元町通2-1-9
🕐10:30～19:00
休無休 P無
🚃JR元町站步行3分
MAP別冊7B-2

很神戶的感覺，就是這樣的／找到最喜愛的一雙

神戶的合成皮造鞋業也很興盛。價格又低廉，可以在高架下和三宮中心街的鞋店挑選看看。

神戶口味的
巴黎薄片rusk
既香酥又多汁

1

有著可愛「米菓」花色的
haus原創日本手巾

2

滿是滑潤乳酪的
半熟口感

3

4

還是令人忍俊不住的
綜合巧克力

總是抱著
感謝的心情

最受歡迎的
神戶伴手禮
就是這個

糕點加上雜貨，
還有文具也不錯。
把神戶的感覺一起包起來
當成伴手禮送出去吧。

5

有著薄荷香味
的牛奶糖

6

酸甜滋味的草莓和濃郁比利時產巧克
力有著絕妙的協調美味

❶KOBE居留地の壁〜シューラスク〜
599日圓／エスプリ・ドゥ・フーケ
🗺P.16 ❷かまわぬ×haus「米
菓」945日圓（顏色可能變更）／
haus diningroom🗺P.42 ❸神戶
半熟乳酪蛋糕（原味）5個裝1050日
圓／神フランツ南京町店🗺P.88 ❹
巧克力的原創組合1575日圓〜／カファ
レル神戶北野本店🗺P.83、カファレル
神戶 旧居留地店🗺P.18 ❺ラッテ
メンタ1粒31日圓／カファレル神戶 旧
居留地店🗺P.18 ❻TOKYO KO-
UGLOF（草莓巧克力）1260日圓／モロ
ゾフ グラン さんちか店🗺P.48

モロゾフ グラン さんちか店

‖三宮‖モロゾフ グラン さんちかてん
提倡結合人與人「生活的甜點」的摩
洛索夫的原創品牌便是モロゾフグラ
ン，裡面的糕點一樣一樣都有著自己
的故事。

☎078-391-2146
🏠神戶市中央区三宮町1-10-1 さんちか7番街
🕙10:00〜20:00 🈭第3週三 🅿無
🚃JR三ノ宮站步行3分 MAP別冊4D-4

48

7

濕潤而美味
半生型態的燒菓子

（圖為示意）

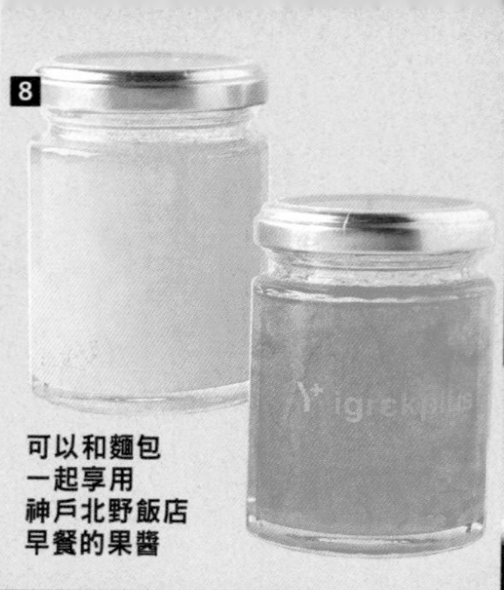

8

可以和麵包
一起享用
神戶北野飯店
早餐的果醬

9

可以回想到旅遊的老字號咖啡廳
的咖啡杯

7 禮盒裝「ロンド」6個裝1050日圓／パティスリー グレゴリー・コレ 神戶・元町本店📖P.15 8果醬630日圓～／イグレックプリュス＋ホテルブティック📖P.82 9咖啡應裡使用的咖啡杯和盤1500日圓，也有紅茶用的紅茶杯／エビアン📖P.36 10pelbeu的數位相機包1260日圓，作家手製的cucco手機吊飾各840日圓／gigi📖P.49 11ディアマン・ショコラディアマン 各3片的6片入500日圓，各6片的12片入1000日圓／haus diningroom📖P.42 12自製筆記本1365日圓（B5）、840日圓（B6）／TRITON CAFÉ📖P.41 13自製LOGO托特包（S大小）998日圓／EINSHOP神戶📖P.114

10

旅遊的好伴侶。
數位相機包和錨的手機吊飾

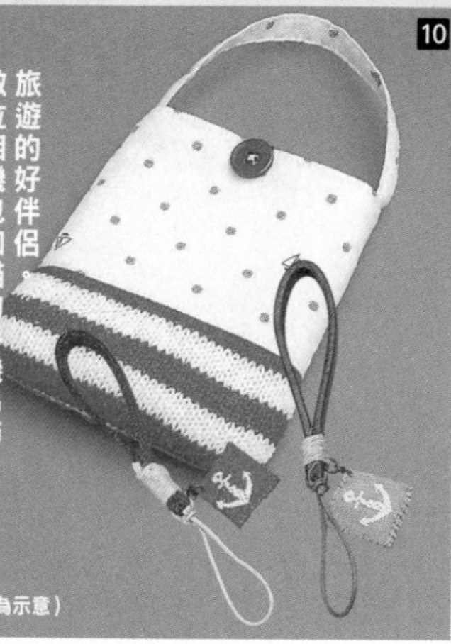

（圖為示意）

gigi

‖榮町通‖ ヂヂ

可以用高貴不貴的價格，買到作家投入大量愛情的手工雜貨。小小的店內。擺滿了和店主想法契合的25位作家的飾品和布製雜貨等作品。

☎078-321-0758 神戶市中央区栄町通3-1-12 伊藤ビル2F 11:30～19:00(週一～17:00) 休不定休 P無 JR元町站步行6分 MAP別冊7B-3

11

大量使用鮮奶油和奶油的
神戶插圖的餅乾

12

可以用在許多用途上
布紋色彩的筆記本

13

神戶味道滿載的
托特包

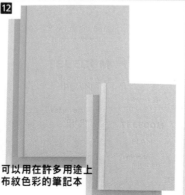

15 可以蓋在信件或筆記上
有著法國風格的
圖案印章

BLUE BLUE KOBE特有的
神戶限定NAVY13 LOGO的T恤
可以男女裝買下一套

14

16 直接在德國購買
掛保證的
葡萄酒

為了明天
也能維持元氣

為了自己，
買份有些
名人感覺的
伴手禮

回家之後
一定會有幸福的感覺。
就請選擇
會有這種預感的商品。

17

買給小朋友
的伴手禮，
穿來舒適的勃肯拖鞋

14NAVY13的T恤。基本款3色為白色、海軍藍、橙色。尺寸為XS～XL、短袖T恤5040日圓／BLUE BLUE KOBE⤴P.98 15義大利製圖案印章12片入附打印台2940日圓／Shooby Dooby⤴P.111 16Müller-Thurgau Q.b.A trocken2500日圓（左）、白葡萄酒Gewürztraminer Spätlese trocken2500日圓／ワインハウス ローテ・ローゼ⤴P.82 17兒童用Woodby7875日圓。尺寸為16.5cm～22cm、深褐色（右）和淺褐色／BIRKENSTOCK KOBE⤴P.44 18原創起司盒945日圓～／DE LA NATURE⤴P.114 19神戶限定設計的烈酒杯各840日圓／BLUE BLUE KOBE⤴P.98

美味倍增
原創起司盒

18

19 用這個玻璃杯喝水
就會想到神戶？

50

胸前也很時尚
可愛的手工胸針

20

Quinze et demi le passage
‖三宮‖ キャズエドゥミ ル パサージュ

販售成年女性喜歡的「mina perhonen」
「ebagos」「MUVEIL」等品牌，細節部分
都是能夠讓人心情躍動的可愛感受物品。

☎078-904-7339
🏠神戶市中央区三宮町
2-9-2
🕚11:30～20:00
㊡無休
🅿無
🚃JR三ノ宮站步行7分
MAP別冊6D-1

21 清涼感覺的玻璃杯
葡萄酒和果汁都會更美味

⑳mina perhonen的胸針（左）7350
日圓、（右）2310日圓／Quinze et
demi le passage⤵P.51
㉑木村直樹作POPS玻璃杯3150日圓／
glass art shop TOR DECO⤵P.109
㉒Eglantyne的蠟燭（左）5670日圓
和化妝水（右）7350日圓／francjour
⤵P.62　㉓手工的薰衣草香包（各）
1680日圓／Le grand tresor⤵P.62
㉔ECOLAUNDRYLIQUID（300ml）
1995日圓／A NON DESIGN
⤵P.117　㉕小瓷偶（10～15個入）
2100日圓～／イグレックプリュス＋ホテ
ルブティック⤵P.82　㉖MODALU的
2way包29400日圓／Spitifaro
⤵P.46

22

甜美可愛
玫瑰香氣的
蠟燭和
化妝水

23 法國亞爾薩斯地方
送來的香氣商品

24 自然和人都喜歡的
清潔洗劑

25

26 有著豪華計加上
玩心色彩的包包

法國製
可愛小瓷偶

神戶之旅最大的樂趣，
在於餐飲。
城市裡
到處都是美味的餐飲。
如果你喜歡蛋糕，
因為名店薈萃，因此
你非常地幸運。
喜歡麵包的人也一樣，
有許多著名的麵包店。
中國菜、法國菜、
甚至是牛排⋯
換句話說，
什麼都好吃的地方，
那就是神戶。

享受神戶夜晚的方式

因為美麗的夜景,而被稱為光之都的神戶。
由山區眺望人稱1千萬美元的夜景,
市區繽紛多采的燈飾,
異人館高雅的打燈也不容錯過。
散步之後,前往時髦的小酒館或酒吧。
這一杯是,旅行這個非日常的特別的樂趣。
這裡要介紹神戶夜晚的享樂方式。

女性聚會也用上一用？
神戶的酒吧就是這種感覺

夕陽西下時燈火閃耀，人們聚集的輕鬆酒吧。
神戶有許多女性可以輕鬆消費的時尚店家。
旅行的夜晚，何妨熱熱鬧鬧地度過。

バール・アブク
‖元町‖

位於TOREAST，總是熱鬧無比的義大利式酒館。菜色齊全，包含了前菜到義大利麵等使用當令鮮魚和蔬菜為主、份量十足的單點菜色。葡萄酒也常備有20種以上，要飲酒要用餐都十分適合。很有概念的店員們的待客方式也讓人感到舒服，女性1人進入都OK的氛圍。

☎078-392-7468
⌂神戶市中央区北長狭通2-5-17
🕐18:00～翌3:00（翌2:00LO、週六六日、假日為17:00～）休不定休
Ⓟ無 🚉JR元町站步行5分 MAP別冊5C-4

最好要預約的人氣酒吧

黑板上的菜單，酒單也請注意！

滿是海鮮的橄欖油炒義大利麵（前1380日圓）和當令的綜合前菜（1200日圓～）

道地德國的香腸和各國啤酒

德國傳授製法的美味德國香腸

一個人都能放心入內的休閒型酒吧

元町ソーセージバール BRATWURST
‖元町‖ もとまちソーセージバールブラートブルスト

供應在正統德國具有歷史的IFFA大賽裡得到金牌的香腸，以及各式自製香腸和生火腿等。德國和比利時等世界各國的啤酒人氣也高。提供大型螢幕可以觀賞運動比賽。

位於JR元町站西口附近的高架下

☎078-391-2920
⌂神戶市中央区元町高架通1-1
🕐11:00～翌1:00（翌0:30LO）週日、假日～23:00）
休無休 Ⓟ無 🚉JR元町站步行即到
MAP別冊7B-2

什麼是小酒館？
義大利國內有許多，而且是日常性光顧、輕鬆
自在的餐飲店。西班牙文也是「bar」，但音不
拉長。

可以玩樂一整晚的時尚酒吧

KOBE×西班牙
品味大受歡迎！

超高人氣的Diente
特製桑格利亞調
酒630日圓

下酒菜5種
綜合拼盤
1260日圓（2人份）

BAR Diente Diente
‖TOR路‖ バールディエンテディエンテ

菜單、內裝都發揮了此店特有品味的
西班牙式酒吧。設有座位式桌座和站
立式桌子，快快地喝上一杯或悠閒小
酌皆可的自由style，不拘小節氛圍極
富吸引力。酒精類飲料超過100種，
tapas（小盤下酒菜）為主的食物則
有約60種。

☎078-332-3131
🏠神戶市中央区北長狹通3-12-3
リーストラクチャービル1F
🕐17:00～翌5:00
㊡不定休 🅿無 🚉JR元町站步行4分
🗺別冊5B-4

享受神戶夜晚的方式／神戶的酒吧就是這種感覺

美味的蔬菜與講究的葡萄酒

嚴選蔬菜又美味
又健康！

居家氛圍大受女性好評

Vege Bar
‖三宮‖ ベジバール

下班回程中、女性聚會等時候可以輕
鬆入內的創作料理&義大利菜的小酒
館，特色是使用簡單的方式調理出當
令蔬菜美味的各式菜色。常備有超過
30種的葡萄酒，也提供全餐菜色。

玻璃帷幕可
以看到店
內，可放心
進入

☎078-391-7067
🏠神戶市中央区下山手通2-17-13日宝神
戶壱番館ビル1F
🕐17:30～24:00 週二 🅿無
🚉JR三ノ宮站步行5分 🗺別冊5C-2

神戶的夜晚要去優雅的酒吧
不擅喝酒的人也有樂趣，很多很多

←色彩繽紛的雞尾酒（850日圓～）是放鬆的好夥伴

神戶的酒吧最適合度過舒適愉快的夜晚。
夜景配上音樂，再加上些其他樂趣，菜和酒都更形美味。
我們保證平常不上酒吧的人，去一次就會留下美好的記憶。

神戶臨海樂園的特等座

港都夜景一覽無遺的超人氣櫃台座

全餐2500日圓起。
海鮮白酒麵（1300日圓）等義大利麵也受歡迎

Cafe＋Bar KOO
‖神戶臨海樂園‖ カフェバークー

可以從89公尺高大樓頂樓眺望神戶夜景的餐廳酒吧。窗邊的櫃台座有著一直拉到腳邊的玻璃帷幕，可以飽覽港口的夜景。餐廳以創作義大利菜和下酒菜等多采的菜色聞名，酒的種類也十分多樣。備有紀念日全餐，是個可以搭配各種場景的浪漫空間休憩空間。

店內是琥珀色調的溫暖氛圍

☎078-366-3817
⌂神戶市中央区東川崎町1-5-7
神戶情報文化ビル18F
⏰11:30～24:00（週五六日、假日前日～翌2:00；料理～22:30）休 無休
P 有 🚃JR神戶站步行7分 MAP別冊11B-3

港都的Pub週六有現場演奏

→餐點有炸雞、章魚飯和香腸等

←位於國道2號路旁倉庫的3樓

↑也有多種外國的啤酒

Pub James Blues Land

‖美利堅公園‖ パブジェームズブルースランド

將倉庫的3樓改裝而成的酒吧，是個全部座位都是沙發的寬敞空間，看得到窗外的夜景。搭配小菜享用外國啤酒。也可以預約餐會。。

☎078-371-2720
⌂神戶市中央区波止場町篠崎倉庫3F
⏰19:00～24:00(週六日、假日前日～翌2:00) 休 不定休 P 有
🚌阪神神戶高速線西元町站步行7分
MAP 別冊10D-1

爵士、雞尾酒、菜色都棒

→連酒櫃都有爵士的氛圍

↑可以喝到使用果汁調的雞尾酒

←一下酒菜到正式菜色都有

サテンドール神戸

‖北野‖ サテンドールこうべ

以年輕爵士樂手成功途徑而聞名的店。可以在欣賞爵士樂曲下，享用優質的菜色和甜點、雞尾酒。

☎078-242-0100
⌂神戶市中央区中山手通1-26-1 バッカスビル2F ⏰18:00～24:00 休 週一(逢假日則營業) P 無 🚌JR三ノ宮站步行7分 MAP 別冊4D-2

神戶的爵士愛樂者聚集

→每天都有爵士現場演奏

↓全餐菜色很受歡迎

←走上北野坂時左手邊可見

ジャズライブ&レストラン　ソネ

‖北野‖ ジャズライブアンドレストランソネ

高品質音樂和菜色吸引了眾多年齡層客人的店。可以聆聽著"愉悅"的爵士樂現場演奏，同時享用單點菜色到全餐的豐富菜色。

☎078-221-2055
⌂神戶市中央区中山手通1-24-10
⏰17:00～24:00(週日13:30～15:30有「午後的爵士現場演奏」) 休 無休 P 無 🚌JR三ノ宮站步行10分 MAP 別冊4D-1

享受神戶夜晚的方式／優雅的酒吧

由高處俯瞰的夜景
這就是特等座

眼前有著像是潑灑出星星般的夜景，
在此介紹宛如飄在空中般的特等座位。
當然，這還附加了美味的料理。

在Level 36面窗的座位上
浪漫的夜景
就出現在眼前

※圖為レストラン&バー Level 36

每份全餐都附極盡奢華能事的「本日義大利麵」

由北野的高處一覽神戶市區
バレンシアレストラン
‖北野‖

在有著時尚內裝漂亮空間裡，享用道地的義大利菜。午餐、晚餐都可以吃到使用當令食材，富有季節感的全餐菜色。

☎078-241-9102
🏠神戶市中央区北野町1-5-4 北野クラブ Sola Luna棟2F
🕐11:30～14:30、17:30～20:30 ㊡週三
🅿有（收費；有抵用券）
🚇地下鐵新神戶站步行10分
MAP別冊8E-1

寬敞的座位上欣賞北野的夜景

co-Trip點菜單
Luna全餐
（午餐）2940日圓
（晚餐）6352日圓
Cena sol全餐
（午餐）3990日圓
（晚餐）8662日圓
Balencia全餐
（午餐）6300日圓
（晚餐）12100日圓

晚餐由時髦的餐前小菜開始

也有十分具有開放感的露台區

享受神戶夜晚的方式／夜景特等座

提供使用當令食材的義大利菜

co-Trip點菜單
piazza晚餐全餐
7000日圓
・用餐前的樂趣
・綜合前菜
・鮮魚料理
・肉類主菜
・甜點
・咖啡或紅茶

大片玻璃的窗外除了神戶市區之外，連遠方的大阪灣都盡收眼底的piazza

夜景盡在眼前的酒吧 36 degreees的吧台座

搭乘神戶布引纜車，觀景點神戶市布引香草公園就在附近

附近還有這些景點！

高樓層飯店的餐廳&酒吧
レストラン&バー Level 36
‖新神戶‖ レストランアンドバー レベルサーティシックス

位於神戶最高的飯店ANA皇冠假日酒店神戶36樓的餐廳&酒吧。可以品嘗到堅持使用當地食材的道地義大利菜和欣賞大片的夜景。

☎078-291-1133
🏠神戶市中央区北野町1 ANAクラウンプラザホテル神戶36F 🕐11:30～14:30、17:30～23:00 ※有季節性變動 ㊡無休 🅿有 🚇直通新幹線與地下鐵新神戶站 MAP別冊8F-1

🕊 ♪前往附近景點的方法
●布引香草公園／地下鐵新神戶站搭乘神戶布引纜車10分。夜間營業日依季節而有所不同，應先行洽詢。☎078-271-1160

在燈火照耀下
夜晚的海濱散步與市區散步

像是對看著對岸般的海灣區夜景，
每個區域都有著不同風情的街角之夜。
追求顏色各異的大片燈飾，出發去夜晚的散步吧。

魚舞
位於美利堅公園Cafe Fish!
（　P.71）前的巨大鯉魚雕
刻 MAP 別冊10F-2

步行
1分

美利堅公園
對岸臨海樂園的熱鬧燈光，
就像是珠寶箱翻倒了一般
MAP 別冊10E-3

步行
3分

神戶港燈塔
紅色的輪廓浮現在黃昏的天
空，展望室有著360度的大
視野
MAP 別冊10E-3

步行
5分

神戶臨海園
隔著海看得到美利堅公園，偶
而會有夜晚的遊輪映入眼簾
MAP 別冊11B-4

散步 海邊

由美利堅公園看向臨海樂園，停靠碼頭的
協奏曲號（　P.69）就在眼前

步行
5分

如果想
小憩一下

スカイラウンジ港's
位於神戶美利堅公園Oriental
Hotel（　P.128）14樓
（18:00～23:30LO、週五六
為24:30LO）
MAP 別冊10D-4

步行
3分

Hanekko廣場
鄰近CULMEN的寧靜公園。
開合橋在日落之後會立即打上
燈光
MAP 別冊11B-4

步行
3分

紅磚倉庫餐廳街
港邊的Harborwalk步道，可
以看到馬賽克的摩天輪
MAP 別冊11B-4

步行
3分

瓦斯燈大道
JR神戶站到馬賽克之間的路
上會點上瓦斯燈，冬天時還會
有燈飾
MAP 別冊11B-3

冬季旅行的夜景欣賞

有著特別樂趣的是冬季的夜景散步。北野的異
人館、美利堅公園、神戶臨海樂園等各處都有
耶誕節的燈飾。

神戶市政廳瞭望廳

24樓的瞭望廳裡，華麗的神
戶夜景可以一覽無遺（☎
078-331-8181神戶市政
府）MAP 別冊6F-2

步行
1分

舊居留地

有著歐洲般風景的舊居留地
黃昏時分，圖為大丸神戶店
☞ P.90
MAP 別冊6E-2

步行
2分

南京町

就像是在中國的小巷弄裡迷
了路一般。呈現和白天完全
不同風情的南京町夢幻般夜
景 MAP 別冊7B-3

步行
1分

南京町廣場

在冬季舉辦的
南京町燈會，
是南京町夜晚
的慶典
MAP 別冊7C-2

散步街頭

舊居留地的渣打大樓
（☞ P.93、96）夜晚另有一番風情

享受神戶夜晚的方式／海濱散步與市區散步

步行
20分

如果想
小憩一下

走累了就到位於舊居留地
的咖啡酒吧E.H BANK
（☞ P.96），享用雞尾
酒或大人口味的蛋糕等，
可以一直休憩到深夜

E.H BANK

MAP 別冊6D-4

北野異人館街

打上燈光的風見雞之館有著
莊嚴的氣氛，耶誕季節更是
美不勝收
MAP 別冊9C-2

步行
10分

北野坂

沿著山朝著北野方向的上
坡。冬季時北野坂上星空的
燈飾光耀奪目
MAP 別冊9C-4

神戶市政廳瞭望廳開放時間為8時15分到22時（週六日、假日為10時起），無休且免費進入。

61

my co-Trip

遊逛神戶格調的雜貨店①
日常使用的時尚品項

神戶街頭到處都看得到販售可愛雜貨的商店。從三宮到元町、榮町、
海岸通的濱海區域的商店裡，有著許多優雅而高雅的品項。
就由一家店逛到另一家店，悠閒地找找自己喜歡的東西吧。

1 看到優雅的法國雜貨 享受巴黎女性的氛圍

「Mathilde M.」
的香氛陶瓷裝飾
品2100日圓

有著高雅法國氛圍的陳設

刺繡很可愛的面紙盒
1260日圓起

可以嗅道
去花鐘

2 讓生活更充實的 優質日常使用的雜貨

美麗內裝的商店。有許多高格調的
雜貨，可以創造出舒適的空間

香氣宜人的沐浴皂
1260日圓起

中央街也
很近

3 感受到溫暖的 五彩繽紛手巾

有許多光是看都
很快樂的花色

文字可愛手巾的
紡織品筆記本2310日圓

神戶店限定花樣「夜景」1575日圓

Le grand tresor
‖三宮‖ ル・グラン・トレゾワ

以巴黎女性房間為概念設計的店內，
以法國香氛商品為主的法國味道內裝
雜貨，和文具、跳蚤市場購買的骨董
等一應俱全。

雜貨 ☎078-414-7103
神戶市中央区御幸通8-1-6 神戶国際会
館 SOL B2F ⏰10:00～20:00 比照SOL
的公休日 P無 🚃JR三ノ宮站步行3分
MAP 別冊6F-1

francjour
‖三宮‖ フランジュール

在平常使用的毛巾、床罩組、睡衣等
物品才該使用好東西的概念下，店內
擺放的都是優質的生活雜貨。以白色
為基調的自然設計為主可以長久使
用。

內裝・雜貨 ☎078-325-2522
神戶市中央区三宮町2-5-6 フランジュー
ルビル2・3F ⏰11:00～20:00 無休(過
年期間除外) P無 🚃JR三ノ宮站步行7分
MAP 別冊6D-1

にじゆら 神戶店
‖三宮‖ にじゆらこうべてん

店內的商品都是以古老的注染方式製
作的手巾。花色從顏色柔軟滲透的水
珠花色，到作家共同製作設計的商品
都有。也販售手巾為基本設計的小
物。

手巾・雜貨 ☎078-392-8808
神戶市中央区三宮町2-8-2
⏰11:00～19:00 不定休 P無 🚃JR三
ノ宮站步行7分 MAP 別冊6D-1

店後方是
工坊的商店

人氣的帆布托
特包5780日
圓起

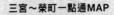

开生田神社

TOR
阪急神戸 高速線 神戸三宮站
三宮站
阪急神戸 高速線 JR神戸線
JR神戸線
阪神本線

元町站

阪神元町站 三宮中央街 三ノ宮站

Le grand ❶
tresor

❹TANDEY

❻co-fuqué shop
❺Haksen

南京町

❷francjour
地下鐵

❸にじゆら神戸店

花時計

大丸神戸店

日本郵船大樓

神戸港

Flower road

4 試著訂做一個
適合自己的包包

橫條紋亞麻單肩包
（11340日圓）內
側使用帆布

咖啡廳
也多！

商店太多
眼花撩亂

5 講究的商品
優質作家的商品就在這裡！

也提供由法國和
北歐商品中精選
的日常用品

原創飾品品牌Atteler的
銀質和黃銅的項鍊（右
9345日圓、左11550日
圓）

高雅氣氛的
陳列品的店內，
都是店主的
家具幾乎
都是店主的作品

6 祈求小小幸福的
原創性商品

眾多感受得到溫暖的
衣服和包包、小物

又輕又好用的單肩
包（1995 0日
圓）全是獨一無二
的

訂製的相機包6615日
圓起

4
TANDEY

||榮町通|| タンデイ

販售手工用心製作的包包。精選布
料、皮料和尺寸等，提供客製服務。
布料以帆布為主，也有骨董布料、復
古布料、軍用布料等。

包包 ☎078-332-1134
⌂神戸市中央区栄町通2-1-2 日東ビル1F
🕐12:00～19:00 困不定休 Ⓟ無 🚃JR元
町站步行6分 MAP別冊7C-3

5
Haksen

||榮町通|| ハクセン

店內的商品包含了作家商品和餐具等
由日本國內外精選、能夠為生活帶來
幸福的雜貨。穿著極為舒適的衣服和
可愛的飾品，都是感情豐富又感性的
店主原創。

雜貨 ☎078-321-6899
⌂神戸市中央区栄町通3-2-8 松尾ビル2F
🕐14:00～19:00 困週二、三 Ⓟ無
🚃JR元町站步行8分 MAP別冊7A-4

6
co-fuqúe shop

||海岸通||コフクショップ

抱持著「希望客人感受到小小的幸
福」的心願，衣服和包包、帽子等的
原創商品，由設計到縫製都由店主一
人完成；也販售神戸的作家飾品。

服裝・雜貨 ☎078-371-0529
⌂神戸市中央区海岸通4-4-5 赤松ビル
1F 🕐11:00～19:30（週日假日為～19:00）
困不定休 Ⓟ無
🚃JR元町站步行7分 MAP別冊7A-4

位於海岸通北邊一條路「乙仲通」上，有Haksen等許多人氣店家。

My co-Trip／遊逛雜貨店①

遊逛神戶格調的雜貨店②
有著異國感受的繽紛小物

港都神戶裡，也有許多富有異國情趣的雜貨。這些雜貨都是店主人自己前往，以獨特的感官買進的小物，也都是些光看就覺得有趣的貨色。特色是，每一件商品都有自己的個性而且色彩鮮豔。

1
mi-chu.
||トアロード|| ミーチュ

眾多鮮明強烈配色和花樣商品的店內，進去逛逛就能精神百倍。伊斯蘭的時鐘、摩洛哥的腳踏墊、保加利亞的鍛帶等，各種國家的雜貨和作家原創商品讓人忘記了時間。

內裝・雜貨 ☎078-332-1102
神戶市中央區下山手通3-5-5 新安第一ビル3F
⏰13:00~20:00 週三 無 JR元町站步行6分
MAP別冊5B-3

2
Chemily
||元町|| チェミリー

像是進入童話世界般的店內，擺滿了店主由東歐買回來的骨董雜貨和手工飾品。就好好享受勾動少女心的雜貨購物吧。

雜貨 ☎078-321-0725 神戶市中央區下山手通4-1-17 丸中ビル2F 205A ⏰13:00~19:00(週一、四、五)、12:00~19:00(週六日、假日) 週二、三 無 JR元町站步行5分 MAP別冊5A-3

3
MANDRAKE
||榮町・海岸通|| マンドレイク

店內滿是使用非洲蠟染製作的原創雜貨，以及店主自己採買來的雜貨。店後方設有蠟染工坊，也販售蠟染布料。

雜貨 ☎078-321-7763 神戶市中央區海岸通1-2-8 第三萬利ビル1F 101 ⏰11:30~18:30(夏季~19:00) 週二(逢假日則營業) 無 JR元町站步行10分 MAP別冊7C-3

1 整家店就是色彩繽紛的 機關式繪本

店主的原創飾品都是獨一無二的商品（小朋友耳洞環1100日圓、圓耳環1260日圓、髮帶1050日圓等）

菲律賓生產的人魚飾品525日圓

mina hirata的孔雀魚收納包（4200日圓）和馬賽克鍛帶髮箍（3150日圓），是以顏色鮮豔素材組合的熱帶魚設計

由到處都是雜貨店的 TORWEST 前往鯉川筋

花紋牆壁令人印象深刻的商店

2 成年人少女型 東歐雜貨和飾品

刺繡成動物和樹子模樣的手工刺繡耳洞環1組2415日圓

老奶奶的鍋墊指環（1個3255日圓~），是使用捷克的玻璃鈕釦和天然石，由日本作家手工製成的飾品

還可以順道逛逛南京町

店內有許多作家製作的飾品

收藏卡（1張105日圓~）是在歐洲和德國很受歡迎的紙工藝品。可以做成拼貼和書籤。

5 摩洛哥雜貨的專門店

店主將當地的素材重新製作的原創耳洞環（髒球1260日圓、柏柏人珠子1050日圓、非洲骨董珠子1260日圓）

費茲產的碗（大1890日圓、中1570日圓、小840日圓）是由工匠一個一個塗繪的

店名Zellij就是摩洛哥磁磚的意思

4 宛如異國般的多彩繽紛世界

沉醉於刺繡和珠子的空間

泰國的耳洞環（4200日圓）和項鍊8400日圓。多彩繽紛的流蘇工藝令人印象深刻的飾品都是泰國作家的手製品

市場罕見的手機袋（4725日圓）和泰國珠子做的流蘇小飾物1365日圓

也有可以小憩的咖啡廳

古老的榮町大樓也值得一看！

可當包包也可當收納袋的黃麻籃（小）4200日圓

3 顏色鮮豔的非洲雜貨

蠟染圖樣和外觀都很特別的零錢包（1900日圓～），內層的圖案也都不同，樂趣加

各種非洲商品貨色賣全

三宮～榮町一點通 MAP ②

● 県民会館　开 生田神社
❷Chemily　❶mi-chu. TOR PLE　三宮站
阪急神戸高速線　三宮站
元町站　JR神戸線　阪神本線　三ノ宮站
阪神元町站　三宮中央街
Park Road　みなと元町站　元町一番街　地下鉄海岸線
南京町　大丸神戸店
栄町ビルヂング　栄町通　Flower Road
❹bulu
❺Zellij
❸日本郵船大楼
MANDRAKE
神戸港

4
bulu
‖榮町、海岸通‖ ブル

一進入以粉紅色為基調的店內就是墨西哥氛圍。使用墨西哥和泰國材料製作的超可愛服裝和飾品、雜貨等，都令人愛不釋手。

時尚、雜貨　☎078-392-7118
🏠神戸市中央区海岸通3-2-19 和泰ビル203
🕐12:00～19:30 🈺不定休 🅿無 🚉JR元町站步行5分 MAP別冊7B-4

5
Zellij
‖榮町、海岸通‖ ゼリージュ

擺滿感受得到摩洛哥強烈的日照和微暗的夜晚、休閒生活雜貨的店內。懂日文的人還可以和店主聊聊。

時尚、雜貨　☎078-381-6855
🏠神戸市中央区海岸通4-3-20 甲南ビル204
🕐11:00～19:00 🈺週三、第2週四 🅿無
🚉JR元町站步行10分 MAP別冊7A-4

遊逛書店不只是買書，還有找雜貨的樂趣。可以找到書籍相關的商品和精美的明信片。

對時代的潮流極為敏感的海灣區 ⊠ P.68

創造出了神戶的昔與今。

美利堅公園有著開港的歷史，

smile馬賽克的

從裝飾窗外看到的是神戶的現今。

你來到神戶的季節裡，

窗的那邊

又會有著什麼樣的風景呢。

如果你會前往臨海樂園，

切莫忘了來找找這扇窗子。

The 神戶觀光

神戶開港在1868（慶應3）年。
許多不同國家的人們由海的彼方前來，
和神戶的人們一起打造出這美麗的城市。
居住在山手的北野，在舊居留地工作，
回家途中在TOR路的店家買東西。
應該偶爾會全家一起去南京町，
吃吃亞洲的食物吧。
今天各個區域也依然留有異國情趣。

區域旁就是蔚藍的大海
海灣區

從有著神戶港燈塔等多種觀光設施的美利堅公園，
到購物和美食景點集中的神戶臨海樂園，
在海濱走走逛逛吧。

神戶臨海樂園的馬賽克花園

小·小·旅·程·提·案

START

1 **美利堅公園**
由CITY LOOP的美利堅公園停車處所
在的東側入口進入

2 **美利堅劇院**
位於橫切過草坪廣場的靠近海的位置。
在「石頭螢幕」上看看海吧。

3 **神戶海洋博物館／川崎世界**
位於美利堅公園中央的白色建築物。有
很愉快的海洋相關體驗

4 **神戶港燈塔**
神戶觀光時必去的地方。可以眺望到全神
戶市區的頂樓瞭望室切勿錯過

5 **umie馬賽克**
2樓有可以看海休息的椅子和階梯

6 **神戶臨海樂園**
GOAL 逛逛商店和餐廳、複合設施

美利堅公園 メリケンパーク

美利堅波止場和中突
堤之間的海埋平建造
的公園。神戶港和對
岸的臨海樂園近在咫
尺，是最能夠看到神
戶特色風景的景點。
MAP 69B-1、2

從海看過去的美利堅公園全景

神戶臨海樂園 こうべハーバーランド

隣近有著時尚商店和
餐廳匯集的umie馬賽
克，和有著神戶麵包
超人兒童博物館商城
等的神戶港的區域。
MAP 69A-1、2

由神戶港燈塔看到的神戶臨海樂園
洽詢　神戶臨海樂園綜合服務處
☎078-360-3639（10:00～19:00）

整個線上一圈
120分

建議出遊Time
9:00-22:00

美利堅公園觀早上的海，氣氛清爽下前往神戶海洋博物館（10時開館）和神戶港燈塔（9時開館）。該處到神戶臨海樂園只需要5分鐘。回程利用JR神戶站較為方便。

打上燈光的
協奏曲號

郵輪出遊

由船上觀賞神戶港也很愉快。郵輪之旅有很多行程，包含了短時間巡遊神戶港一周的船，以及在船上享用全餐菜色或午茶時間的美食郵輪等。搭乘郵輪出發來趟豪華的海上之旅吧！

協奏曲號
コンチェルト

在爵士樂和古典音樂的現場演奏下，享用創新廣東菜或鐵板燒；享用芒果布丁&甜點套餐的午餐航遊也很受歡迎。船遊費用2100日圓（餐費另計），發抵場為umie馬賽克前。

☎078-360-5600（協奏曲號預約專線）🕐午宴航遊12:00～13:45、午茶航遊15:00～16:30、晚宴航遊17:10～18:55・19:20～21:05 🈺不定休 🚉JR神戶站步行10分 MAP 69A-2

璀璨神戶2號
ルミナス神戸 2

有2小時20分的時間周遊明石海峽的路線，以及1小時30分周遊神戶機場外海的路線。搭乘費用2100日圓（神戶機場外海周遊）、3150日圓（明石海峽周遊）（餐費均另外計算），發抵場所為中突堤旅客大廈。

☎078-333-8414（璀璨郵輪）🕐12:00～14:00、16:00～17:30（平日）、16:00～18:00（週六日假日）、19:00～21:20（黃金週、暑假期間部分船班可能變更，需洽詢）🈺期間中（1月下旬～12月25日）無休 🚉JR元町站步行15分 MAP 69B-2

The 神戶觀光／海灣區

花隈站
元町站
阪神元町站
湊川神社
走水神社
元町駅前
西元町站
栄町通
みなと元町站
市營地下鐵
海岸線
海岸通
博愛醫院
神戶高速神戶線
京橋南
神戶駅前
兵庫站
ハーバーランド站
柳原出口
ホテル ラ・スィート
神戶ハーバーランド
中央ターミナル
P.71 Cafe Fish! C
ホテルオークラ神戶 H
プロメナ神戶 P.69
神戶港燈塔 P.70
神戶ハーバーランド umie P.69
CULMENI・
CENTRAL Deli Grill
はねっこひろば R
神戶港震災紀念公園
美利堅劇院 P.70
P.69・71umie 馬賽克
P.71EAVUS S
P.71神戶ブランド モザイク店 S
協奏曲號 P.69
P.71 神戶海洋博物館 川崎世界
神戶美利堅公園 東方飯店 H
璀璨神戶2號 P.69
KoBE AnpAnmAn CHILDREN'S muSEum & MALL
神戶臨海樂園 P.60・68・71
美利堅公園 P.68・70
神戶港
周邊的地圖在別冊內
180m
1:18,000
A B

神戶臨海樂園的大型設施

プロメナ神戶 プロメナこうべ
充滿時尚、美食、美容&保養的樓層能滿足女性顧客的需求。「萬葉俱樂部」也附有溫浴和住宿的設施。

☎078-360-6000 🕐11:00～20:00美食街為10:00～22:00、部分店鋪不同）🈺無休 MAP 69A-1

神戶臨海樂園umie こうべハーバーランドウミエ
最新流行服飾和美食、書店和電影院等多元店鋪入駐，可以享受購物用餐的樂趣。

☎078-382-7100 🕐10:00～21:00（因店鋪而異）🈺無休 MAP 69A-2

因店鋪而異 ウミエモザイク
深受情侶和家族出遊人們喜愛的景點，內有購物和美食的諸多店鋪入駐。夜晚時可以遍賞神戶港的夜景。

☎078-382-7100（神戶臨海樂園umie）🕐10:00～20:00（商店～20:00、餐廳為11:00～、因店鋪而異）🈺無休 MAP 69A-2

海灣區晚上也很適合散步。美利堅公園、神戶臨海樂園都可以看到很棒的夜景。🔲P.60

海風吹拂非常舒服
隨興暢遊美利堅公園

當你聽到了Meriken的稱呼和波止場町的地名時，
你會不會好奇是個什麼樣的地方？
在眼前就是大海的草坪公園，小憩片刻如何。

港都神戶的象徵
神戶港燈塔
大家務必上去看看。

美利堅公園是個擁有草坪公園和噴水池、長椅等設備的寬闊海邊公園。
P.60、68

公園內馬賽克模樣的藝術品「繡球花之鐘」也不應錯過。

入口附近的巨大鯉魚藝術品「魚舞」。 P.60

外帶的麵包在青空下愉悅悠閒地享用也很不錯。

公園裡面，當地人悠閒地度過自己的時光。看看讀書的睡午覺的…zzz…

紀念日本第一座放映外國電影的美利堅劇院是極佳的紀念照拍攝景點。 69B-2

可以飽覽神戶的
大紅色燈塔
神戶港燈塔
こうべポートタワー

建在美利堅公園西側的中突堤上，是神戶的象徵吸引了來自全日本的觀光客。高樓層的展望臺，可以看到港口和市區、六甲山系的雄偉風景。

塔 ☎078-391-6751
神戶市中央区波止場町5-5
🕐9:00～21:00(最後入場20:30。有季節性變動，需洽詢)
無休 ¥600日圓
P 有(使用市營美利堅公園停車場) JR元町站步行15分
MAP 69B-1

像帆船般的白色框架引人目光

會更了解神戶海域的博物館

神戶海洋博物館／川崎世界

こうべかいようはくぶつかんカワサキワールド

可以學習到神戶港的歷史和船舶。附設有科學技術的體驗設施川崎世界。

博物館 ☎078-327-8983 ⭡神戶市中央區波止場町2-2 美利堅公園內 ⏰10:00～16:30 困週一（逢假日則翌日休）、12月29日～1月3日休）Ｐ無 Ｐ JR元町站歩行15分 MAP 69B-1

在這裡小憩一下

具有開放空間的咖啡廳

Cafe Fish!

カフェフィッシュ

也會舉行現場演奏和活動的店內，高高的天花板和由大窗戶射進的光線令人心曠神怡。聖代和自製鬆餅等人氣都高，午餐、晚餐則都是主廚自豪的菜色。

咖啡廳 ☎078-334-1820 ⭡神戶市中央區波止場町2-8 ⏰11:30～20:00（餐點～19:00）困不定休 Ｐ無 🚉JR元町站歩行8分 MAP 69B-1

陽光投射進來的明亮店內

可以吃到神戶六甲的優格&蜂蜜鬆餅（700日圓）等季節的甜點

沿著海邊信步而行…就會抵達umie馬賽克

美利堅公園隔著港區的對岸就是神戶臨海樂園；從神戶港燈塔旁走海邊的路很快就能到umie馬賽克。在馬賽克內好好享受購物吧。

匯集了多采多姿商店的umie馬賽克

可以買到神戶發的原創包包

EAVUS

アヴース

提供「日常可以使用，單純而具機能性的包包」。使用歐洲等地的布料設計而成的原創包包深獲好評。

店內有許多很棒的包包

牛皮×麻的單肩斜背包（25200日圓）

包包 ☎078-360-2329 ⭡神戶市中央區東川崎町1-6-1 umieモザイク2F ⏰10:00～20:00 困無休 Ｐ有（使用umie馬賽克的停車場）🚉JR神戶站歩行7分 MAP 69A-2

神戶伴手禮我們全包了

神戶ブランド umieモザイク店

こうべブランドモザイクてん

和菓子西點和當地吉祥物商品、神戶葡萄酒等Made in Kobe大集合。原創的神戶熱狗和神戶布丁霜淇淋可以當場享用。

神戶的名產一應俱全

神戶熱狗（400日圓）和神戶布丁霜淇淋（S280日圓、W380日圓）

食品‧雜貨 ☎078-360-1810 ⭡神戶市中央區東川崎町1-6-1 umieモザイク2F ⏰10:00～20:30 困無休 Ｐ有（使用umie馬賽克的停車場）🚉JR神戶站歩行7分 MAP 69A-2

異國情調的異人館街
北野

神戶觀光的主要景點北野異人館所在的區域。
由三宮走上北野坂後就是起點。
參觀各個洋館走上一圈之後由TOR路下山。

整個繞上一圈
240分

建議出遊Time
9:00-17:00

三宮要前往北野時，由北野坂向上走最清楚。異人館既可以按照小小旅程提案去走，也可以由全館清單中選擇參觀。最後參觀北野作坊之街（☞P.73），享受購物（☞P.80、82）的樂趣。

陶醉於北野異人館街的洋館之美。圖為萊茵之館

人孔蓋也有以北野為題材的圖樣

風見雞之館的正門銘板古老的氛圍洋溢

別忘了找找最適合拍紀念照的銅像！

小·小·旅·程·提·案

START

1 | **北野異人館停車站**
由CITY LOOP的北野異人館停車站出發

2 | **萌黃之館**
到北野觀光案內所，前往附近的萌黃之館

3 | **風見雞之館**
異人館街最有名的館。參觀後可以在旁邊的北野町廣場小憩

4 | **魚鱗之家、魚鱗美術館**
前往較偏僻的魚鱗之家。時間夠的話，中途可以順道去北野天滿神社

5 | **義大利館（柏拉圖裝飾美術館）**
可以在義大利風格的露台上小憩片刻，享用紅茶和簡餐

6 | **萊茵之館**
下到北野通，回到出發地點，參觀萊茵之館

7 | **北野作坊之街**
GOAL 走下TOR路，參觀北野作坊之街，也可以參加製作體驗

北野異人館街 きたのいじんかんがい

可眺望美景的北野町廣場

有著許多明治時代興建洋館、異國情趣洋溢的區域。目前有16個館開放參觀，進入參觀時，一個館約需15分，展品多的館則需要30分。到不開放館所在的小路走走也很不錯。

MAP 73A·B-1

洽詢 神戶市綜合旅遊服務處資訊中心 ☎078-322-0220
北野觀光案內所 ☎078-251-8360

北野開放參觀的異人館

北野唯一貼有紅磚的洋館
風見雞之館 ☞P.77
かざみどりのやかた

嫩綠色的外觀極美
萌黃之館 ☞P.77
もえぎのやかた

可以製作原創香水或穿著歐洲服飾
芳香之家荷蘭館
（舊Wolhin宅） ☞P.74
かおりのいえオランダかんきゅうヴォルヒンてい

接觸丹麥的歷史與文化
丹麥館
デンマークかん
☎078-261-3591

展示莫札特的鋼琴複製品
維也納、奧地利之家
ウィーンオーストリアのいえ
☎078-261-3466

有著西方古城情趣的館
魚鱗之家、魚鱗美術館 ☞P.77
うろこのいえうろこびじゅつかん

西明石站
山陽新幹線 **新神戸站**
維也納·奧地利家❖ 丹麥館
P.74 芳香之家荷蘭館（舊Wolhin宅） ❖魚鱗之家·魚鱗美術館 P.77
P.72 北野異人館街 ⑤ P.77 風見雞之館 ⑤ 山手八番館 P.74
P.77 萌黃之館 ⑤ 北野外國人倶樂部ハーブ園
⑤ MAISON ET 北野天満神社前 ❖坡道上的異人館
TRAVAIL P.80 P.59
⑤ イグレックプリュス+ WC❖ バレンシアレストラン ⑧
ホテルブティック P.75 Hunter牆 ⑤ 英國館 P.75 ❖義大利館
P.49·51·82 ⑤ ローテ·ローゼ 舊巴拿馬領事館 （柏拉圖裝飾美術館）
松本神経内科 北野町 ❖洋館長屋（法蘭西館）
異人館通 P.78 葡萄酒莊 ⑤ 貝恩之家 神戸布引ハーブ園ロープウェイ
山本通 P.81La Paix des Bois 萊茵之館 P.75 （CITY LOOP）
TOR路 3 星巴克咖啡 グリーンヒル 神戸聖愛教会
P.81いわえのほとり ❖神戸北野美術館 ホテル神戸
P.73神戸北野異人館之街 ⑤ P.83 北野町（CITY LOOP）
CHECK&STRIPE神戸店 ⓒ COUVENIR❖ 生田川出口
神戸北野ホテル P.48·83 P.81 ⑤ J&F P.80 生田町
カフェレル神戸北野本店 北野坂 ❖六甲荘 加納町
❖神戸穆斯林清真寺 にしむら珈琲店 グリーンヒル フロインドリーブ
P.75 一宮神社 ❖グリル末松 P.79 大仙寺 ⑧
⑤ TRITON CAFÉ ⑧ 二宮入口
CHADA-THAI P.41·49 超級市場 ❖新神戸サンメ 二宮小
P.79 コウベグロサーズ 天主教神戸 ⑧ 新神戸サン 中央
北野作坊之街 P.83 中央聖堂 北野坂 ❖ホテルピエナ神戸 東福寺
P.73 中山手通 みなと❶ （CITY LOOP） 布引郵局 神戸クアハウス
中山手通 3 中山手2
ホテルトアロード ⑧ 中山手通 二宮神社前
エリアワン ⑧ ⓒ CAFE buffo P.79 二宮神社
モントレアマリー ⑧ 北上 二宮町
生田神社 加納町 東福寺前
下山手通 三宮站 琴ノ緒町

縮尺 1:11,000

右侧竖排: The 神戸觀光／北野

CHECK!

全都是神戸的代表性工坊

北野作坊之街
きたのこうぼうのまち

使用舊北野小學校舍的體驗型設施。古老感覺洋溢的館內，設有許多神戸名店的工坊，也有只在這裡能買到的限定商品。各種製作體驗，讓旅程更添情趣。

體驗 ☎078-200-3607
🕙10：00～18：00 休第3週二（逢假日則翌日休） MAP 73A-2

在異人館喝杯咖啡！
遊逛異人館回程時前往消費

星巴克咖啡神戸北野異人館店
スターバックスコーヒーこうべきたのいじんかんてん

將原為美國人住宅的「北野物語館」直接使用的星巴克分店。共有6間的房間裡擺放了當時的生活用品，可以在歷史的氣氛和情趣下小憩片刻。

咖啡廳 ☎078-230-6302 🕗8:00～22:00
休不定休 神戸市中央区北野町3-1-31
🚉JR三ノ宮站步行10分 MAP 73B-1

展示許多世界著名工匠的美術品
山手八番館
やまてはちばんかん ▶P.74

重現當時華麗的社交場合
北野外國人倶樂部
きたのがいこくじんくらぶ

北野罕見的東方情調
坡道上的異人館
さかのうえのいじんかん
☎078-271-9278

總管裝扮的導遊介紹館內
義大利館（柏拉圖裝飾美術館）
イタリアかんプラトンそうしょくびじゅつかん
☎078-271-3346

穿上英國警察的外套拍照留念
英國館
えいこくかん ▶P.75

長屋風格的木造2樓建築極為罕見
洋館長屋（法蘭西館）
ようかんながや（ふらんすかん）
☎078-241-2368

展示有動物標本的北野最古老洋館
貝恩之家
ベンのいえ
☎078-222-0430

明治時代異人館樣式的代表
萊茵之館
ラインのやかた ▶P.75

白色的美麗外觀引人注意
舊巴拿馬領事館
きゅうパナマりょうじかん
☎078-271-5537

←維也納·奧地利家
↓洋館長屋（法蘭西館）

折扣券除了2館券（▶P.77）之外還有多種選擇，可以充分利用。洽詢為北野觀光案內所。（▶P.72）

爬到坡頂進入神戶的異國
以建築的視線遊逛異人館街

明治到大正年間由外國設計師們在北野興建的房舍，
據說因為是之前沒有的建築而吸引了不絕的參觀人潮。
這些建築對現代的我們仍是十分珍貴而美觀。

請看向這裡！
滿是荷蘭的顏色

入口附近的紅磚牆和占地，
以及花卉盛開的庭園都不容
錯過

請看向這裡！
都鐸樣式

紅磚砌起來的外牆、柱和樑
露出在外的半木條式外牆

1 神戶市教育委員會指定為傳統
性保存建造物群，入館費700日圓
2 館向東一條路是名為「オラン
ダ坂（荷蘭坂）」的坡道
3 館內鋪有紅地毯，歐式風格的
家具值得參觀

芳香之家荷蘭館
（舊Wolhin宅）

かおりのいえオランダかんきゅうヴォルヒンてい

懷舊氛圍的原荷蘭領事公
館，有著鬱金香等四季花卉
妝點的前庭、2層樓的木造
建築，是大正時代中期的四
坡寄棟頂建築。民族服飾的
租賃和原創香水製作十分受
到歡迎。

☎078-261-3330
🏠神戶市中央區北野町 2-15-10 🕘9:00～18:00(冬季～17:00)
㊡無休 🅿無 🚃JR三ノ宮站步行15分 MAP 73B-1

1 都鐸式建築特徵十分明確的山
手八番館。入館費500日圓，另有其
他折扣券 **2** 都鐸樣式是15、16世
紀常見的建築樣式 **3** 雷諾瓦作銅
像，另也展出羅丹、布爾代勒、貝
爾納等三位大師雕刻作品的館內

山手八番館

やまてはちばんかん

建於明治後期都鐸式三座
塔狀連在一起的建築，和入
口處拱門的彩繪玻璃令人印
象深刻。內部展示有雷諾瓦
和羅丹、貝爾納等人的作
品。

☎078-222-0490 🏠神戶市中央區北野町2-20-7
🕘9:00～18:00(10～3月～17:00) ㊡無休 🅿無 🚃JR三ノ宮站步
行15分 MAP 73B-1

多坡道的北野風景。
高地上可以穿越市區眺望到大海

什麼是殖民地樣式？

colonial這個詞是「殖民地的」的意思，是17、
18世紀時在英國的殖民地常見的建築樣式，屬
於羅馬、哥德、文藝復興等樣式的折衷形態。

1

1

The 神戸觀光／北野

2

請看向這裡！

殖民地樣式

由英國建築師興建，也一直
是英國人居住的典型殖民地
樣式建築

↑木造的2層樓建築，可以看到雨
淋板外牆、開放式陽台，以及外推
的窗戶等殖民地樣式的特徵。免費
入館

請看向這裡！

雨淋板外牆

木板外牆拉得極為美觀的線
條（橫線）

英國館
えいこくかん

興建於1907（明治40）
年。2樓有重現的福爾摩斯
房間，庭園內則展示了伊莉
莎白女王喜愛的賓士加長型
禮車。

1 高格調的英國館。入館費700日
圓 **2** 夜晚化身為酒吧「King of
Kings」。可以在曾經是英國貴族
所有的維多利亞時代吧台前，享用
世界的美酒

☎078-241-2338 ⏏神戶市中
央区北野町2-3-16 🕘9:00〜
18:00（10〜3月〜17:00）㊩無
休 Ⓟ無 🚉JR三ノ宮站步行15
分 MAP73B-1

萊茵之館
ラインのやかた

1915（大正4）年興建。將
橫條木板片片堆疊，再油漆
之後的外牆非常美觀，百葉
窗和外推的窗戶等，都是沿
襲了明治時代的異人館樣
式。

☎078-222-3403 ⏏神戶市中
央区北野町2-10-24 🕘9:00〜
18:00 ㊩2、6月的第3週四（逢
假日則翌日休）Ⓟ無 🚉JR三ノ
宮站步行15分 MAP73B-1

HUNTER牆 現在已經移往王子公園的舊
HUNTER住宅，原先位於萌黃之館附近。沿著
北野坂西側的HUNTER坂向北走，過了異人館
通到底就到了。現在還留做成H文字狀的外
牆。 MAP73A-1

舊HUNTER住宅

言裡也別錯過了！

神戶穆斯林清真寺 1935（昭
和10）年在日本興建的第一座伊斯蘭
教寺院。有著二座圓頂塔樓的土耳其
樣式外觀，讓北野的異國氣氛更為高
漲。 MAP73A-2

建於パールストリート和TOR
路的交叉路口東側

舊HUNTER住宅是現存異人館當中規模最大的建築之一。☎078-861-5624（神戶市立王子動物園）

時間有限時只逛
這3個異人館

北野的異人館裡，對外開放的有16個館；逛上一圈需要花費4、5個小時。
覺得「全部逛太⋯」時，就鎖定這三個館如何？
購買2館券會較為划算。

真像是西方的
古城一樣！

1 使用天然板岩的外牆極具特色的魚鱗之家
2 魚鱗之家庭院裡的山豬像「Porce llino」
3 異人館街的象徵風見雞之館
4 萌黃之館具有樸實而典雅的風格

知名度最高的館

陽台上的視野極佳

館內的收藏品也可觀
魚鱗之館、魚鱗美術館
うろこのいえうろこびじゅつかん

天然石材裝飾的外觀看來像是魚鱗而得名，1905（明治38）年時由居留地遷移至此。館內有骨董的收藏品，入館費1000日圓。

☎078-242-6530 🏠神戶市中央区北野町2-20-4 🕘9:00～18:00(10～3月～17:00) 🈳無休 🅿無 🚃JR三ノ宮站步行15分 MAP73B-1

1 館內展示著眾多如古邁森等著名的瓷器等
2 附設的魚鱗美術館裡可以欣賞到尤特里羅等畫家的名畫
3 大門上的圖案設計

原是德國貿易商的宅邸
風見雞之館
かざみどりのやかた

北野現存異人館裡唯一的紅磚外牆建築。建於1909（明治42）年前後，尖塔上的風向儀（風見雞）是北野町的象徵。室內有著莊嚴的氛圍，也是日本政府指定的重要文化財。

☎078-242-3223 🏠神戶市中央区北野町3-13-3 🕘9:00～18:00 🈳2、6月的第1週二（逢假日則翌日休）🅿無 🚃JR三ノ宮站步行15分 🚩73B-1

1 館內有著濃重的新藝術氛圍。入館費500日圓
2 館附近是北野町廣場，可以一覽神戶市區
3 櫻花盛開的季節更是美不勝收

嫩綠色美極了
萌黃之館
もえぎのやかた

建於1903（明治36）年，原為美國總領事Hunter Sharp的公館。特徵是淺淺的綠色外牆和開放型的陽台。另有每間房間的塗色不同，使用作工極細彩繪磁磚做的壁爐等。

☎078-222-3310 🏠神戶市中央区北野町3-10-11 🕘9:00～18:00 🈳無休 🅿無 🚃JR三ノ宮站步行15分 MAP73B-1

1 開放型陽台有著優雅的氛圍
2 大幅度向外推出的窗戶看得出殖民地樣式
3 1樓露台

如果第一次到北野，可先到風見雞之館旁的北野觀光服務處，然後再遊逛風見雞之館、萌黃之館，最後再到遠些的魚鱗之家去。

忘卻時間來品嘗
優雅的用餐時光

不知道為什麼，北野總讓人感覺到時間過的舒緩。
這種平穩緩和的氛圍在餐廳裡也有。
今天的午餐和晚餐，就慢慢地享用吧，別急著走。

看完北野異人館後
就悠閒地用餐吧

1 面對庭園的牆壁一整面都是玻璃，可以切身感受到庭園的大自然 **2** 葡萄酒備有約300種，侍酒師會推薦客人喜好味道的美酒
3 午餐全餐3150日圓起，晚餐全餐為6300日圓起。均需另外加收10%服務費

眼望美麗庭園品嘗的高級法國菜

北野ガーデン

きたのガーデン

位於神戶北野地區，卻有著廣達900坪腹地的法國菜餐廳。可以觀賞著店周圍的400坪庭園，品嘗使用當令食材的全餐菜色。餐具和刀叉等，使用的都是Richard Ginori和Christofle等一流的品牌，裝盤美觀的各式菜餚，則是配合著客人用餐的速度上菜。這是一家融合了開放感十足的空間、重視醬汁的正統派法國菜，以及由一流服務人員提供服務的高雅餐廳。

法國菜 ☎078-241-2411
⌂神戶市中央区北野町2-8-1
⏰11:30～14:00、18:00～20:30
✖週三(逢假日則營業)
Ｐ有 🚉JR三ノ宮站步行15分
MAP 73B-1

吃得到全球美味的北野

北野有許多外國餐廳，除了最多的法國菜餐廳之外，還有西班牙、義大利、俄羅斯、斯里蘭卡、泰國、土耳其、智利等多國菜色的餐廳。

① 1
② 2

① 1
② 2

① 1
② 2

The 神戶觀光／北野

美味的醬汁令人印象深刻

グリル末松
グリルすえまつ

可以吃到費時費工做出的古早味洋食。淋有燉煮3天半釉汁的蛋包飯892日圓，以及奶油可樂餅都很受歡迎。除了著名的菜色之外，每天更換菜色的創作料理也令人期待。

洋食 ☎078-241-1028
⚥神戶市中央区加納町2-1-9 ⊕11:30～14:00、18:00～21:30 ㊡週二(逢假日則翌日休) ⓟ無 🚃JR三ノ宮站步行10分
MAP 73B-2

❶放了許多鮮奶油，味道圓融的蟹肉奶油可樂餅1365日圓
❷1樓是櫃台座，因此1個人前來也能輕鬆用餐

時尚風格的泰國菜餐廳

CHADA-THAI
チャダタイ

可以吃到聘自清邁主廚調理的泰國菜。調味配合日本人的喜好，也能夠調整辣度。使用泰國進口配件設備的內裝很美。

亞洲料理 ☎078-251-1517
⚥神戶市中央区中山手通1-27-12 富士産業ビル1F⊕11:30～14:30、17:00～22:00 ㊡不定休 ⓟ無 🚃JR三ノ宮站步行10分
MAP 73A-2

❶黑胡椒香炒軟殼蟹1890日圓
❷位於HUNTER坂旁，外國人也常光臨

放鬆休憩的靜謐咖啡廳

CAFE buffo
カフェブッフォ

提供許多手工製作的飲料和餐點菜色。buffo指的是「放輕鬆」的意思。在刻意安排可以度過愉快時光的店內，任何座位都十分舒適。

咖啡廳 ☎078-261-1578
⚥神戶市中央区中山手通2-10-21 伸野第2ビル 1F ⊕14:00～23:00 ㊡週一(逢假日則翌日休) ⓟ無 🚃JR三ノ宮站步行8分 MAP 73A-3

❶香蕉麵包布丁790日圓和水果汽水550日圓。連同甜點點用時飲料為300日圓
❷愉悅氛圍的店內

找北野的店家以坂為依據，北野ガーデン在北野坂、CHADA-THAI和CAFE buffo則在HUNTER坂旁。

道路兩邊都可能有
注意尋找北野的年輕女性雜貨

北野周邊有許多讓人忍不住想進去看看，
有著可愛雜貨和伴手禮的商店。
進去找找能讓你感到有夢最美的美好商品吧。

樣式豐富的
自然系生活雜貨
J&F
ジェイアンドエフ

讓白色洋館發揮極致的雜貨店。自然
味道的廚房雜貨到包包、小物、飾
品、文具等貨色極為豐富。

雜貨 ☎078-271-7787
🏠神戶市中央区山本通2-14-28
🕐11:00～18:00（（週六日、假日～19:00）
🈺週一(逢假日則翌日休)
P無 🚃JR三ノ宮站步行12分
MAP 73B-2

真想住在這種房子裡！
有著夢幻形象
的店內

→光是放著都能讓人快樂
的甜點型的筷架
（各525日圓）

↓picnic FROGS market的貓咪布偶
（各5775日圓～）

→明信片
（各158日圓～）
有數百種

可以長久使用的
生活品項
MAISON ET TRAVAIL
メゾン・エ・トラヴァイユ

將古老郵局改裝而成的概念商店。店
主以「家」和「工作」為主題，蒐集
了全世界的質樸而高雅的衣服和雜貨
類。2樓是藝廊，也可以作為自由空
間使用。

流行時尚・雜貨 ☎0078-891-3215
🏠神戶市中央区山本通3-8-1 ポルトビル1F
🕐12:00～19:00 🈺週三 P無
🚃JR元町站步行10分
MAP 73A-2

↑stack耐熱鍋（S1890日圓、
M2940日圓）是鍋蓋可以作為
墊盤使用的耐熱陶器

↑沖繩的容器，另有沖繩陶
器多種。小盤為1680日圓

位於住宅區的時尚店面

←札幌咖啡品牌森彥珈
琲的深焙綜合咖啡
（200g）1260日圓。
共有9種口味。

↑顏色優美的池田優子作馬克杯
（各2730日圓）

←原創的純棉布料（110cm×50cm、400日圓～），適合做衣服和小東西

多種多樣的手工藝用品任君挑選

←用天竺棉橫條紋布料（160cm×50cm、1175日圓～）來自製T恤如何？

↑刺繡貼片（1個130日圓）種類極為豐富

↑仿法貝熱彩蛋製作的墜飾13800日圓～

↑俄羅斯套娃6件組（5000日圓）由於是手繪的，每一件都獨一無二

俄羅斯雜貨十分吸引人

←白樺樹皮製作的收藏盒Beresta2400日圓～

→St.Christopher的旅行御守（全新1000日圓～、骨董2000日圓～）

↓時尚兔子的骨董擺飾2000日圓起

附設咖啡座，像是被邀請到國外人家客廳般的感受

←細致而華麗的威尼斯玻璃製骨董項鍊26800日圓

手工藝就都交給我們
CHECK & STRIPE神戶店
チェックアンドストライプこうべてん

原創的麻織品和棉織品、鈕扣、緞帶等各種手工藝用品齊全的專門店。另備有提供給新手輕鬆製作小東西、包包的套裝產品。

手藝雜貨 ☎078-904-7586
🏠神戶市中央区山本通2-2-7-103 🕙10:00～19:00 🈺無休(過年期間休) 🅿無
🚃JR三ノ宮站步行10分
MAP 73A-2

可愛的俄羅斯雜貨專門店
いりえのほとり

店內販售俄羅斯套娃，以及仿俄羅斯至寶法貝熱彩蛋的飾品、Lomonosov的餐具、Beresta等多采多姿的品項。

雜貨 ☎078-291-0031
🏠神戶市中央区山本通2-9-15
🕙11:00～17:00（週六日、假日為10:30～18:00）🈺週一 🅿無 🚃JR三ノ宮站步行15分 MAP 73A-1

罕見骨董雜貨的珠寶盒
La Paix des Bois
ラペデボワ

靜靜佇立於小巷內的不起眼店家。動物、植物形態的擺飾和飾品非常多元，古老而溫暖感覺的骨董雜貨極富有吸引力。

雜貨 ☎078-251-7022
🏠神戶市中央区北野町3-1-27 1F
🕙12:30～18:30 🈺週一、二、三
🅿無 🚃JR三ノ宮站步行10分 MAP 73B-1

The 神戶觀光／北野

北野的陡坡很多，因此要穿著好穿的鞋子來逛。

葡萄酒加上巧克力…
在北野來趟大人的Shopping

有著異人館街，又有許多外國人居住的北野，
有許多大人們會喜歡的進口商品。
就到這可以享受港都時尚的北野來趟採購吧。

→Müller-ThurgauQ.b.A trocken
2500日圓
ZEHNTHOF酒莊的圓形酒瓶很搶眼。有著密思嘉葡萄香氣的果味而不甜的白葡萄酒

→Gau-Odernheimer
Petersberg
Dornfelder
Q.b.A 2000
最受歡迎的甜紅葡萄酒

推薦的生活雜貨一應俱全

→MARUCRO
（21片裝）1260日圓
切成圓圈的可頌麵包，做成芳香的拉斯克來享用

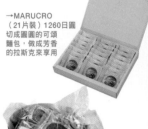

←切蛋殼器
3780日圓
以將蛋殼水平切開的水煮蛋，享用時尚的早餐

↑Porte Bonheur
2100日圓可以享用10種口的濕潤餅乾

←Traubensaft
紅TS-VR 1200日圓（左）、白TS-VW 1200日圓
使用釀酒葡萄製成的奢華果汁

←Sonnenschein
Riesling trocken GG
12000日圓
由特級葡萄園生產出的高級辛口白葡萄酒

←精油燈（精油套組）
27405日圓～
讓飯店裡飄逸的法國香味在家裡重現

1 老字號
德國葡萄酒專門店
ワインハウス ローテ・ローゼ

德意志商事公司經營的德國葡萄酒專門店；每年都會前往德國試味道後才進貨。由於是由酒莊直接進口販售，因此質優且價廉；店內約擺有200種。

🍷葡萄酒 ☎078-222-3200
🏠神戶市中央区北野町4-9-14
🕐12:00～20:00(20:00～23:00可在餐廳購買) 🈺週二、三 🅿無 🚃JR三ノ宮站步行15分 MAP73A-1

↑會指導美味的飲用方法

←也販售葡萄酒杯等小件物品

2 購買神戶北野飯店
的味道與品味
イグレックプリュス＋ホテルブティック

販售神戶北野飯店的山口浩創立的品牌イグレックプリュス＋商品，以及飯店內使用的備品、芳香商品和葡萄酒等。商品都是精選的優質且好用的物品。

雜貨・食品 ☎078-222-1909
🏠神戶市中央区山本通3-14-15
🕐9:00～19:00 🈺無休 🅿無
🚃JR元町站步行15分
MAP73A-2

↑擺放著精選自全世界的商品和飯店製作的食品

←現烤麵包尤其受到歡迎

享受時尚×家常服飾！
北野很有港都的感覺，時尚的舶來品多種多樣。
也有外國人經常光顧、可以穿著家常服飾進入的
食品店，可以看到日常感覺的神戶。

↑Cath Kidston的鑰匙
圈（945日圓）是人氣
伴手禮

↑瑞典製海綿擦拭布。特製的神
戶紋路路很受歡迎（各570日圓）

↑設計帶有十足時尚感的英國館原
創書套 1365日圓

↓以神戶特徵設計的原創鑰匙圈
（左）1260日圓和方巾（右）
550日圓

←占度亞巧克力
盤裝1260日圓。
使用濃純的占
度亞巧克力做
的蛋糕，裝盤
華麗展現。在
店內咖啡廳區
可以享用

↑在優雅氛圍的店內選購喜歡的巧
克力，1個便可購買

↑橘色香菇頭壺1575日圓

↑擺滿了世界
的食材

←香草茶以包
為單位販售

→比起一般販
售的食物，果
醬種多種且多元

←光橄欖一項
就有這麼多品
項！

3 歐洲系列的有趣雜貨齊聚一堂

COUVENIR
コーベニア

英國品牌 "Cath Kidston" 等
以歐洲為主的雜貨，以及原創
的神戶風格商品眾多。是尋找
設計時尚伴手禮的好地方。

←↑店附設
在ベン的家
裡

包包·雜貨 ☎078-222-0430
⚑神戶市中央区北野町2-3-21
🕐9:00～17:00（4～9月為～18:00）
㊡無休 Ⓟ無
🚉JR三ノ宮站步行15分
MAP73B-1

4 奢華味道的巧克力

カファレル神戸北野本店
カファレルこうべきたのほんてん

義大利的老字號巧克力名
牌。店內除了有代表性的占
度亞之外，還有各種不同的
巧克力。在附設的咖啡廳可
以享用限量的甜點。

甜點 ☎078-262-7850
⚑神戶市中央区山本通3-7-29 神
戶トアロードビル1F
🕐11:00～19:00（18:00LO）
㊡無休 Ⓟ無 🚉JR三ノ宮站步行
15分 MAP73A-2

5 當地人經常光顧的進口食材食品店

コウベグロサーズ

鄰近的外國人和廚師也會光
顧的一家店。歐美、亞洲、
南美等來自全世界的食材一
應俱全，而且價格合理。有
機食品也很充實。

食品 ☎078-221-2838
⚑神戶市中央区中山手通2-19-2
🕐10:00～19:00 ㊡無休 Ⓟ有
🚉JR三ノ宮站步行7分
MAP73A-2

北野是大人逛的地方。高級品店也多，品味極高。

神戶的唐人街
南京町

穿過了長安門，那裡就是神戶裡的中國。
整齊擺設的攤販、點心的香味、響亮的吆喝聲。
每個來到的人，都會被這股熱力給吸引進去。

整個繞上一圈
90分

建議出遊Time
11:00-17:00

東側的長安門與西側的西安門之間的路便是主要街道，再以正中央的南京廣場為界，分為南京町東路和南京町西路。南北向的小路也各有具個性的餐廳，每一塊地方都很有意思。

位於中心的南京町廣場

小・小・旅・程・提・案

START

1 元町商店街（南京町前）站牌
搭CITY LOOP就在元町商店街（南京町前）站牌、大丸神戶店前出發

2 長安門
南京町東側的入口。一進去應該就可以看到不可思議的鍋子（🔲P.85）

3 南京東路
許多點心和麵類的攤販，エストロヤール南京町本店也在此

4 南京町廣場
設有涼亭，常有因等候見面或吃點心的人而熱鬧非凡

5 南京北路
南北向的北路上有老祥記（🔲P.35）和アシェット（🔲P.27）

6 南京西路
西側也有不少攤位，但中間夾雜有畫廊和雜貨店。澳門街上有筷子的專門店

7 **GOAL** 西安門
往西安門。沿著元町公園路向北走，立刻就到了JR元町站的西口。

南京町 なんきんまち

南京町廣場

與橫濱、長崎並列為日本三大中華街之一。東西長300m、南北100m，規模上並不算大，但店的種類多而富有變化，不容易膩。
MAP 85

洽詢處　南京町商店街振興協會 ☎078-332-2896

注意南京町的街角

長安門
ちょうあんもん
南京町東側的大門，建於1985（昭和60）年，是中國同意向國外輸出漢白玉（大理石）的第1件漢白玉樓門。

南京町的慶典

南京町會盛大地舉行中國的慶典活動。最熱鬧的是春節，慶祝農曆元旦的慶典，舞龍和舞獅等吸引了大量參觀的人潮。中秋節和南京町燈會（🔲P.61）也受歡迎。

雄壯威武的舞龍

慶祝收成的中秋節

中國商品大血拼

有許多中國雜貨只能在南京町買到，也是很受歡迎的神戶伴手禮。

考慮到日本人體型的旗袍
妹妹 めいめい
🔲 85B-1
☎078-334-3280

做菜更快樂了
熊貓的隔熱手套

空龍 こんろん
☎078-332-5060
🔲 85A-2

很好用的紅包袋

The 神戶觀光／南京町

西安門
せいあんもん
門後方的光復二字，是指將失去的東西拿回來的意思，據說是以中國商業最繁盛的北宋時代城門為藍本設計的。

臥龍殿 がりょうでん
平日10時到19時、週六日、假日開放到20時左右的公共廁所。建築物名稱的「臥龍殿」三字，是作家陳舜臣題的字。

小財神人偶
しょうざいしんにんぎょう
只有白天會出現在南京町廣場的神祇；傳說只要碰觸到就一定會幸福。女性神祇名為「來來」，男性的叫「財財」。

十三尊的十二支像
じゅうさんたいのじゅうにしぞう
原來只預定製作十二支的像，但向中國下訂單「豬」的部分卻溝通不良，送來的是「熊貓」。之後南京町廣場上就是十二支加上熊貓的十三支了。

不可思議的鍋
只要摩擦把手，水就會振動跳躍的南京町名鍋。振動傳到水之後跳動的水花簡直像是噴水池一般。

南京町內在道路的轉角處就埋設有標示路名的牌子，請注意看看腳下。

好吃！
南京町的中式午餐

在南京町享用美味的午餐吧。
在一整排的店裡要挑出一家來絕對會不知道怎麼選，
但任何一家的午餐都物美價廉。這就是南京町的優點。

menu
午餐限定全餐
2625日圓～（晚餐為3150日圓～）
・前菜、湯
・炒菜、酥炸
・甜點等共8道

menu
炸烏賊（小）1600日圓
菠蘿蝦球（小）
1600日圓
水餃（中）1800日圓

幻想空間
+
福建、廣東菜系

↑廣式燴牛腩和牛腱（1890日圓），是高級食材牛腱的廣式燴牛肉

融合二個菜系的優點
小小心緣
しゃおしゃおしんえん

可以吃到由福建省出身在香港的餐廳學藝的陳挺主廚調理，融合福建菜與廣東菜的獨特口味菜色。使用新鮮的海鮮和肉類，推出單點菜到全餐、季節推薦菜等的多種菜色。時尚而夢幻般的內裝也不容錯過。

↑1樓設有2人座和包廂的圓桌

☎078-321-3434
🏠神戶市中央区栄町通1-2-26
　KCSビル1・2F 🕐11:30～
　14:45、17:00～21:30
　（逢假日則營業）🅿無
　🚉JR元町站步行5分
　MAP 85C-2

人氣、排隊
+
廣東菜

↑著名的炸烏賊是將障泥烏賊炸得香酥而成

有著名菜色的人氣店
民生 廣東料理店
みんせいかんとんりょうりてん

以味道、量、價格的平衡感著名的人氣店。由於一定需要排隊，店外備有椅子提供排隊的客人使用。可以吃到以太白粉炸的香酥的炸烏賊、菠蘿蝦球，以及XO醬拌章魚等菜色。

↑黃色的雨棚和綠色的椅子是神戶人熟悉的畫面

☎078-331-5435
🏠神戶市中央区元町通1-3-3
　🕐11:30～14:30、17:00～
　19:30 🈺週一、每月1次週二
　（逢假日則翌日休）🅿無
　🚉JR元町站步行4分 MAP 85B-1

↑肉包的元祖 老祥記
（🔎 P.35）也會大排長龍

←有人愛吃
夜市料理

為什麼廣東菜的餐廳比較多？
因為廣東人最早將中國菜拓展到國外的緣故。
廣東和神戶都是靠海的城市，使用海鮮等方面
的共通點也很多。

menu
紅燒排翅（M）
5000日圓
炒牛小排
2000日圓

menu
廣式炸全雞（2、3
人份）1600日圓
川式炒沙蝦1500
日圓

正宗的氛圍
＋
廣東菜

↑紅燒排翅
大家分食會更加美味

南京町的風景
＋
廣東菜

↑酥脆口感極受歡迎的廣式炸全雞

The 神戶觀光／南京町

眾多講究的港式菜色
龍鄉
りゅうきょう

↑備品齊全氛圍極佳的店內

以傳統的廣東菜的根本，再
加上日本、西方和中國的食
材，創造出符合日本人感性
的菜色。可以吃到在香港學
藝的廚師，以富有個性的手
藝調理出飲茶到單點菜色、
道地全餐等的多元菜色。也
提供110分鐘飲料自由飲用
的全餐。

☎078-391-2937　🏠神戶市中央区栄町通 1-3-16
チャイナコートビル2・3F
🕐11:30～14:30、17:00～
20:30（週六日晚餐為16:30～）
❌不定休　🅿無
🚋JR元町站步行5分　MAP 85B-2

多采的菜色品嘗道地的風味
東栄酒家
とうえいしゅけ

可以吃到以多種調理方式，
調理精選山海食材而成的廣
東菜。以外皮香酥肉質軟嫩
的廣式炸全雞最富盛名。餐
廳位置絕佳，位於南京町廣
場前，店內的客人可以看到
像是中國國內一樣的街景。

←餐廳在南京町廣場前

☎078-322-2115　🏠神戶市中
央区元町通1-3-6　2F　🕐11:30
～14:30、17:00～21:30（週六
日、假日晚餐為16:30～）　❌週
三　🅿無　🚋JR元町站步行5分
MAP 85B-1

神戶的中國菜除了福建、廣東、四川之外，還有北京、上海餐廳，也有廣東菜系的香港菜館。

中華街與甜點間的特殊關係
南京町甜點

在神戶的中華街南京町可以吃到的，不只是中國菜。
西點和中國甜點等，人氣餐廳的甜點也不該錯過。
當地人專程到南京町吃甜點的並不少見。

入口即化的甜味大人氣！
神戶フランツ南京町店
こうベフランツなんきんまちてん

備有多種原創的甜點伴手禮，像是半熟乳酪蛋糕和鬆軟的瑞士捲，很受歡迎的「神戶魔法の壺プリン」布丁等。

甜點 ☎078-392-3623
🏠神戶市中央区栄町通 2-9-8
🕚11:00~19:00
㊡不定休 Ｐ無
🚉JR元町站步行5分
MAP 85A-2

↑神戶魔法の壺プリン
（4個一組1470日圓）
是奶油、卡士達醬和焦糖的三層構成

POINT
神戶魔法の壺プリン是點稠而有著獨特甜味會讓人上癮！

→認粉紅底配上黑色錨的招牌就對了

排隊也要
買到的泡芙
エストローヤル 南京町本店
エストローヤルなんきんまちほんてん

店內擺放的都是使用法屬留尼旺島產的香草莢等最高等級的食材，再由在巴黎學過藝的店主兼蛋糕師傅製作的蛋糕。尤其泡芙更是備受好評。

甜點 ☎078-391-5063
🏠神戶市中央区栄町通1-3-16 チャイナコートビル1F 🕙10:00~19:30 週一（逢假日則翌日休）Ｐ無 🚉JR元町站步行4分
MAP 85B-2

POINT
店主兼蛋糕師傅東山行延富有創意的各式法國糕點。是南京町甜點的代表！

↑Fraise（草莓）378日圓。以派皮包覆泡芙皮，加入2種奶油和草莓

↑泡芙168日圓。人氣極高，假日時為了買這泡芙甚至會大排長龍

←當地人喜愛的南京町土生土長西點店

CH
TO
SW

→女性喜愛的椰蓉球
（3個）300日圓

POINT
裡面放了卡士達餡，甜味高雅

↑本店位於南京町廣前。午餐時間一定要排隊的人氣店

88

南京町甜點大逛遊

有許多攤販的南京町，甜點也可以只買1個，因此有著邊走邊吃的樂趣。甜的點心和芒果甜點也很受歡迎。

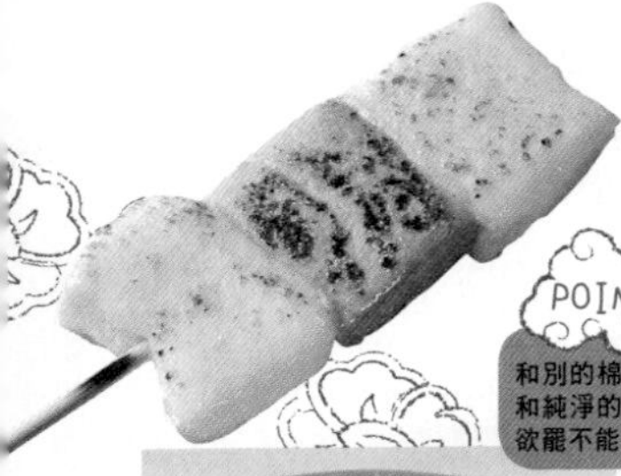

←在吃之前用噴燈烤過，入口即化的烤棉花糖（150日圓）

POINT

和別的棉花糖完全不同的口感和純淨的美味。吃過一次就會欲罷不能！

←鐵板法國土司甜點（480日圓）要沾烤棉花糖和鮮奶油醬汁食用

↑店面位於主要道路旁大樓的地下1樓

→外側是棉花糖的神戶軟軟瑞士捲（1條1380日圓）每週會更換口味

NA
WN
ETS

為新的美味大開眼界！
神戶 marshmallow 浪漫

こうべマシュマロろまん

全日本罕見的棉花糖專門店。幾乎全都是店主以自學方式想出來的棉花糖，有著輕輕地化於口中的口感和單純的美味。除了著名品項之外，當令的棉花糖也有人氣。

甜點 ☎078-334-6708
神戶市中央区元町通2-3-2 ジェムビルB1F 11:00～19:00 休 第1、3週三（逢假日則翌日休）P 無 JR元町站步行4分 85A-1

↑以黑色和粉紅色為基調的可愛店內

←每天有不同的種類。享用南京町特有的味道

←義大利冰淇淋為單份340日圓，雙份380日圓

POINT

可以享用到清爽的美味和南京町特有的味道！

↑南京町廣場旁的小小店面

種類豐富的點心大受歡迎
香港点心菜館

ほんこんてんしんさいかん

在攤位上販售港式點心。2號店（元町通1-2-1）也販售1個100日圓的點心而大受好評。

點心 ☎078-391-2374
神戶市中央区元町通2-1-14
11:00～21:00（週六～22:00）
休 不定休 P 無 JR元町站步行5分
MAP 85B-1

南京町特有的味道大受歡迎
CLARET

クラレット

義大利冰淇淋和法式手工糖的店。店內的竹葉風味「熊貓」和「杏仁豆腐」等中國風味很是罕見。使用法國SICOLY公司製水果的當令冰淇淋也受歡迎。

甜點 ☎078-332-7232
神戶市中央区元町通2-1-11
11:00～19:00 休 不定休 P 無 JR元町站步行3分
MAP 85B-1

在中華街吃西式點心。好像是找錯地方了，但其實還很對味，不妨一試。

古老而優美的高雅區域
舊居留地

留有開港當時領事館和商社建築的懷舊氛圍，
和眾多名牌商店的現代氛圍共存的區域。
可以購物可以享用午茶，度過神戶感覺的時光。

整個繞上一圈
180分

建議出遊Time
11:00-20:00

這個區域可以觀賞古老的大樓以及購物。區域內的中心是大丸神戶店，還有其他許多帶領神戶流行趨勢的老店和名牌商店等時髦商店。冬天則因神戶Luminarie的舉辦而熱鬧非凡。

古老大樓所在的舊居留地

小・小・旅・程・提・案

START

1 | 元町商店街（南京町前）站牌
CITY LOOP的元町商店街（南京町前）站牌。由大丸神戶店正門前出發

2 | 大丸神戶店
溶入舊居留地的建築外觀令人印象深刻，離開時走TOR路的出口

3 | 名牌街
以大丸神戶店南側、通稱Luminarie通為中心，逛逛名牌商店

4 | 觀賞古老大樓
區域內有神戶市立博物館、渣打大樓等數棟古老大樓（ P.92），也可以購物。

5 | TOOTH TOOTH maison 15th
在原為美國領事館的建築物內，享用神戶美食（ P.97）

6 | 東遊園地
GOAL 在舊居留地東端的公園結束小小旅程

大丸神戶店　だいまるこうべみせ

以古典&現代的設計概念，成為了神戶「優質」和「時尚」的中心，深獲神戶人的信任。周邊有主要是流行服飾名牌店的約70家店鋪。

☎078-331-8121 🕐10:00～20:00(部分店鋪不同) 困不定休
🅿有(使用大丸停車場) MAP 91A-1

名牌街

大丸神戶店南側的路旁和京町通旁，有不少日本和外國的名牌店。

主要的名牌店 Emporio Armani、FENDI、BALENCIAGA、BOTTEGA VENETA、VALENTINO、YSL、Gucci、MONCLER、ISSEY MIYAKE、Y's等

R&Bホテル
神戸元町

舊居留地・
大丸前站

三宮
花時計前站

神戸8

BIRKENSTOCK KOBE P.44・50

市役所1号館

市役所前站

シネ・リーブル

カファレル
神戸旧居留地店 P.18・48

神戸市政廳瞭望廳

加納町(6)

シテイ下鉄
海岸線

神戸朝日ビル

Bshop 神戸本店
P.95

山陰合同8

東町

東町

cagliari 神戸元町本店

神戸シャツ P.45

三菱東京
UFJ

播磨町

三井住友

Panasonic
大樓

P.14

高砂ビル P.93

商工中金

江戸町

神戸シルク

P.37 カフェラ

PATISSERIE TOOTH TOOTH サロン・ド・テラス P.95

P.99 YURT

P.46

Spitifaro

P.91 神戸 Luminarie

AMERICAN RAG CIE P.95

電々ビル

クリエイト神戸

ボート郵局

大丸神戸店
P.90

旧居留地38番館 P.95

憩の広場

浪花町

Villabli Garden

ホテル
ヴィアマーレ神戸

明石町

神戸御幸ビル

三菱UFJ信託

元
町
みなと
站

西明
町
東京スター

デビスビル

ブロック30

あいおい
ニッセイ
同和損保

舊居留地
25番館

LV

オリエンタル
ホテル

京町
筋

日本銀行

伊藤町
筋

東町
筋

東遊園地

P.99

CENTRAL
トゥセン
ビル

P.91
日本真珠會館

NTT西日本
・新神戸ビル

前町

nanamica KOBE P.99

神戸市立博物館 P.92

旧居留地十五番館 P.97

TOOTH TOOTH maison 15th P.97

貿易ビル

ANNE SLOW P.45

神港ビル

L.L.Bean

渣打大樓 P.93・96

新明海ビル

神戸商船三井大樓 P.92・94

HENRY CUIR
神戸店 P.94

E.H BANK P.61・96

地方合同庁舎

周邊的地震
在別冊內

P.93
農業会館

NOF神戸海岸大樓
(舊海岸大樓)

海岸通

ZOY神戸店

BLUE BLUE KOBE
P.50・98

50m

1:5,000

CHECK!

大人氣！舊居留地咖啡廳

カフェ・ド・神戸旧居留地十五番館和E.H
BANK（P.61、96），都是極受歡
迎的古老大樓的咖啡廳。此外，大丸
神戸店的カフェラ（P.37）的露台
座也具有歐洲風情。

位於大丸神戸店TOR路
一側的カフェラ

神戸 Luminarie　こうベルミナリエ

每年12月舉行、來自義大利的「光之祭典」。阪神、淡路大地震
發生的1995年時為了復興而開始舉行，之後全日本都有人來參
觀。可以觀賞到每年配合不同主題變換的設計和色彩。

☎078-303-0038（神戸Luminarie組織委員會事務局）　MAP 91C-1

※每年的舉辦內容請務必洽詢或參考網站
©Kobe Luminarie O.C.

CHECK!

古老大樓

神戸商船三井大樓、NOF神戸海岸
大樓（P.92、93）等有著悠久
歷史的大樓都極為優美。日本真珠
會館和這些古老大樓的感覺雖然不
同，全館採用日光燈且擁有全自動
電梯等，在興建的1952（昭和
27）年時，是擁有最新設備的大
樓。

日本真珠會館　神戸市中央区東
町122 MAP 91C-2

由於神戸Luminarie是運用企業的贊助金和參觀來賓的捐獻來營運，在會場會呼籲每人100日圓的捐獻。

古典卻現代KOBE的主角
編寫歷史的舊居留地古老大樓

留在旅行記憶裡的風景，一定會有當地特有的建築物。
神戶則是將異國文化流傳至今的古老大樓。
當某一天由懷念的抽屜裡拿出來的，是哪一棟呢。

以常設展（200日圓）和特別展（門票可能不同）吸引了大量遊客。正面放置了羅丹的雕像

希臘神殿風格的
高格調大樓
神戶市立博物館
こうべしりつはくぶつかん

建於1935（昭和10）年的舊橫濱正金銀行神戶支店的建築，用於收藏國寶櫻之丘銅鐸、銅戈群等考古資料，以及紅毛美術和古地圖、玻璃精品等。

博物館 ☎078-391-0035
①10:00～16:30（特別展舉辦時可能變更）休 週一（逢假日則翌日休、有臨時休館）△神戶市中央区京町24 P無 ☐JR三ノ宮站步行10分 MAP91B-2

check柱子！

多立克柱式的圓柱中間部分稍微向外突出的輪廓是其特徵

大正時期興建的
石造大樓
神戶商船三井大樓
こうべしょうせんみついビルディング

象徵舊居留地的大樓。原為大阪商船神戶支店，在1922（大正11）年興建。厚實穩重的外觀，可以感受到悠久的歷史。

△神戶市中央区海岸通5 P無
☐JR元町站步行8分
MAP91A-2

模倣美國的高層商業大樓的結構

check三層！

基底部是未經磨平石面、強調垂直的樸實中段部分，以及不算高的裝飾性簷上部分的三層結構

↑留有原狀窗緣部分的建築

←舊居留地十五番館（✉P.97）旁留有區劃的界限用石柱

舊居留地的範圍多大？

東起東町筋西至鯉川筋是舊居留地的範圍。現在仍有「block30」等的大樓名稱，可以看出區劃編號的遺跡。

↑現在有著名商店進駐

check廁所！
廁所由原來金庫的部分改裝而成
（E.H BANK✉P.96）

↑1樓的義大利酒吧更添風采

check旗子！
設計為居留地100號的旗子飄揚

↑建於國道2號旁

check上層！
古早味的4層以下和現代化的上層，營造出奇特的氛圍

高雅的風格
遺留至現代渣打大樓

チャータードビル

1938（昭和13）年興建作為英國渣打銀行神戶分行使用。4片門扉的旋轉式入口和方格狀的地板等，都感受得到1930年代美國式辦公室的氛圍。

⌂神戶市中央区海岸通9 Ｐ無
🚃JR三ノ宮站步行10分
MAP 91B-2

古老的、寧靜的
氛圍洋溢

高砂大樓
たかさごビル

建於1949（昭和24）年，原來作為倉庫使用。現在則是商店、咖啡酒吧、工作室等進駐。2樓會有不定期的舉行展覽。

⌂神戶市中央区江戸町100 Ｐ無
🚃三ノ宮站步行7分
MAP 91C-1

新舊建築融合的
大樓

NOF神戶海岸大樓 （舊海岸大樓）
エヌオーエフこうべかいがんビルきゅうかいがんビル

1918（大正7）年興建為三井物產神戶支店。使用鋼筋混凝土和御影石、磚頭等堆砌而成的形式既新穎也新鮮。大地震後，由4層樓建築變身為15層樓建築。

⌂神戶市中央区海岸通3 Ｐ有
🚃JR元町站步行8分
MAP 91A-2

將舊居留地區域整體視為建築的藝廊再專門遊逛古老大樓的話，異國風情更強烈，旅途也將更愉快。

造訪厚實穩重的建築加上人氣品牌
古老大樓×購物

舊居留地的古早大樓是「歷史遺產」，
但同時也是有著人氣品牌和咖啡廳進駐的「現役」大樓。
進入厚實穩重的大樓，尋找自己喜歡的衣服和雜貨吧。

Retro Building

美國文藝復興
式的
古老大樓

神戶商船三井大樓
🗺 P.92

Shop

可以感受到大人奢華的
手工製作的皮革製品

HENRY CUIR 神戶店
アンリークイールこうべてん

↑神戶商船三井大樓北側的1樓

↓包包由日常用的到適合特別日子用的設計都有。MARGUERITE（左）26萬2500日圓；PIC NIC23萬4150日圓

由義大利工匠一個一個手工製作皮革製品的品牌。由於是純手工製作，因此不會有二個完全相同的商品，可以找到專屬於自己的物品。百看不厭的單純設計和愈用愈有皮革味道深具魅力；商品屬於中性樣式，包包、飾品、鞋子、小物等一應俱全。

皮製品 ☎078-391-7745
🏠神戶市中央区海岸通5番地 神戶商船三井ビルディング1F ⏰11:00～20:00
㉠不定休 🅿有（使用大丸停車場）
🚉JR元町站步行8分 MAP 91A-2

內部是這種內裝

古老大樓的氛圍和義大利的
品味融合得恰如其分

→最後總上標籤為
產品注入生命

↑刺繡的種類和縫線的顏色不同的皮夾也受歡迎。短夾型的PHILANTHROPE為61950日圓，長夾型的POKER為85050日圓

舊居留地38番館是什麼？
1929（昭和4）年建成為National Bank of New York，現為大丸神戶店別館。

Retro Building
厚實而美麗的建築

神戶朝日大樓

Shop

以白色為基調，寬敞又明亮的店內

內部是這種內裝

↑日用雜貨的
專櫃也十分充實

↓ORCIVAL的海軍衫（9240
日圓）來源是法國海軍的制服

↓倫敦的人氣雜貨店
「LABOUR AND
WAIT」的颶風燈3990
日圓

↓品味豐富的精品備受
好評

Shop

↑防水性佳的Brady
釣魚包29400日圓
（Bshop 神戶本店）

內部是這種內裝

建築方式新穎，讓人感受不
到建築物的古老。可以輕鬆
而自然地購物

蒐集了頂級的樸實
Bshop 神戶本店
ビショップこうべほんてん

超越流行服飾和趨勢領域的精品店。
在衣服和雜貨都是人在生活上的道具
這種思維下，販售樸實而設計美麗又
實用的「好貨」。

服裝・雜貨 ☎078-331-5858
⌂神戶市中央區浪花町59 神戶朝日ビルデ
ィング1F ⏰11:00～20:00 假無休
P無 🚉JR元町站步行10分
MAP 91B-1

Retro Building
方格狀
旗幟是標的

舊居留地38番館

創意豐富的精品店
AMERICAN RAG CIE
アメリカンラグ シー

店的概念是「來自於生活風
格、重視現在感受的精品」。
自由的發想下提供混合型風
格，是極受歡迎的精品店。

服裝 0078-334-4055
⌂神戶市中央区明石町
40 旧居留地38番館3F
⏰10:00～20:00 假不
定休 P有（使用大丸停
車場）🚉JR元町站步行
5分 MAP 91A-1

The 神戶觀光／舊居留地

現在精品店像名牌店一般人氣高漲。神戶也有多家著名店家，選自全世界的商品裡，有著強烈的神戶品味。

茶味都比平常更浪漫…
古老大樓×咖啡餐廳

挑高的天花板下，厚重紮實的家具備品
紅茶和糕點伴襯度過寧靜的時光。
要在舊居留地度過午茶時分，這家咖啡廳便是首選。

Retro Building
時髦又美麗的古老大樓

渣打大樓
⊠P.93

Cafe
昭和初期的銀行變身為時尚咖啡廳

E.H BANK
イーエイチバンク

↑推開木造的旋轉門進入店內

將原來是銀行的大樓改建，屬於舊居留地的地標性咖啡廳。推開古老的旋轉門進去後，挑高的天花板和厚實的內裝映入眼簾。午餐、紅茶，加上入夜後女性也容易進入消費的酒吧，吸引了大量的人潮。

☎078-331-6553
♿神戶市中央区海岸通9番地 チャータードビル1F ⏰11:30～翌3:00（週五六、假日前日～翌5:00；週日、假日～翌2:00；飲料LO為打烊30分鐘前）休無休 P無 🚃JR元町站步行10分 MAP 91B-2

裡面就是這個樣子

挑高的天花板、大扇的窗戶，店內有著像時光靜止般的空間。廁所是使用金庫的空間打造而成⊠P.93

↑各種蛋糕（500日圓～，圖為示意圖）和焦糖皇家奶茶800日圓。菜色以義大利菜為根本，也提供簡餐
←夜晚化身為氣氛絕佳的餐廳酒吧

古老建築打上
光後也極美

入口的拱形門有著130年
前的樣子

Retro
Building
像是會出現在繪本裡的
白色木柵欄就是標的

舊居留地十五番館
（建物所有者(株)ノザワ）

Cafe

融合了古典和現代的
咖啡餐廳

TOOTH TOOTH maison 15th
トゥーストゥースメゾンジュウゴ

↑1樓擺設的全都是高雅的家具

↓也有清新的陽台座

1880（明治13）年興建、日
本最古老異人館「舊居留地十
五番館」內的咖啡餐廳。現代
感十足的店內，可以吃到午
餐、午茶、晚餐等的美味神戶
料理。

☎078-332-1515
⌂神戶市中央区浪花町15番地
⏰11:00～23:00（午餐15:00LO、晚
餐22:00LO）㊋不定休 Ⓟ無 🚃JR元
町站步行8分 MAP 91B-2

The 神戶觀光／舊居留地

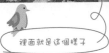
裡面就是這個樣子

明亮的陽光射入，氛圍穩重的
2樓座

→人氣的殖民地午茶
（1人1890日圓，至
少2人份）

↑古老大樓×咖啡餐廳搭配組合
的TOOTH TOOTH鰹魚熱沾醬
1680日圓。以主廚特選的蔬菜搭
配特製醬汁食用

古老大樓×咖啡餐廳的組合，海岸大樓的アリアンス グラフィック（⏪P.113）也別錯過。

衣服和包包、用餐和咖啡
舊居留地STYLE都是大人的品味

大人的時尚城區舊居留地的關鍵字是「樸實而優質」。
不論商店或餐廳，都感受得到更高一層的品味。
更有型的造型，你不妨也試試？

舊居留地的STYLE是大人的海洋藍

不會太甜的大人海洋滋味

BLUE BLUE KOBE
ブルーブルーコウベ

「BLUE BLUE」是'80年代
HOLLYWOOD RANCH
MARKET首度自創的品牌。開
始時是使用傳統的紡織機，以
嘗試做出古老丹寧布為出發
點，製作藍染和藍色的布料。
東京、橫濱、神戶、名古屋、
博多、小倉都設有分店，販售
海洋概念的商品。神戶店內則
可以穿著為正式服裝的品項也
多。

衣服 ☎078-333-2417
🏠神戶市中央區海岸通6番地 建隆ビ
ルⅡ
🕐11:00～20:00 🈚不定休
Ⓟ有（使用大丸停車場）
🚉JR元町站步行8分
MAP 91A-2

↓有RED、BLUE、INDIGO三色
的BLUE丹寧大手帕1260日圓。
布料觸感很好，可以多方使用

↓ST814 使用丹寧布做的西
方式襯衫19950日圓，男性尺
寸為S到XL之間

↑玻璃搭配藍色窗
架令人印象深刻

←馬克杯1050日圓

飾品類也充實
戒指9號到23號都有

BLUE BLUE原創的香
枝。10種各10支入840日
圓

金屬圓章420日圓、夾
子章630日圓

舊居留地STYLE是單純而具機能性

↑倫敦的品牌 "PETER JENSEN" 的STRAIGHT DRESS 56700日圓

↑THE NORTH FACE PURPLE的新人氣商品DAY PACK 11550日圓

「UTILITY」和「SPORTS」是關鍵字

nanamica KOBE
ナナミカコウベ

← 防水防風優越GORE-TEX®材質的大衣57550日圓

除了原創品牌之外，也販售THE NORTH FACER PURPLE LABEL等運動品牌特有舒適性的品項。此外，也提供和進口品等混搭的選項。

衣服 ☎078-335-1758
⌂神戶市中央区明石町18-1
🕐11:00～20:00
㊡不定休
Ⓟ無
🚃JR元町站步行5分
MAP 91A-2

The 神戶觀光／舊居留地

舊居留地STYLE有著歐洲的味道

店內烤箱烤出的麵包備受好評。午餐是麵包午餐（1250日圓～）和義大利麵午餐（1300日圓～）等共18種

現烤麵包具人氣的義大利餐廳

CENTRAL
セントラル

義大利菜 ☎078-325-2033
⌂神戶市中央区江戶町104
🕐11:00～21:30（週五六）～22:30；週日、假日為 9:00～21:30）㊡無休 Ⓟ無 🚃JR三ノ宮站步行10分 MAP 91C-2

北歐風格內裝、挑高天花板的店內極為舒適。輕鬆享用的義大利菜色和自製麵包是日本人的最愛。清新爽朗的服務態度也受好評。

舊居留地STYLE是大人的高雅

份量十足的每日午餐付飲料吧1000日圓。店內是有著木質溫潤感覺的精緻空間

以 "美國西海岸的帳蓬小屋" 為主題

YURT
ユルト

以可以吃到每週換菜6種熟菜的午餐聞名，義大利麵、披薩、湯品、甜點等也一應俱全。酒品種類也十分多元，也是適合進用晚餐的餐廳。

咖啡廳 ☎078-381-6686
⌂神戶市中央区江戶町101番地三共生興スカイビル1F
🕐11:00～23:00（午餐～15:00）
㊡無休 Ⓟ無
🚃JR三ノ宮站步行7分
MAP 91C-1

有人說去到舊居留地的店裡，就要注意內裝和料理的裝盤方式。磨練一下品味吧。

三宮到元町
享受現代的「元町遊逛」-1

三宮～元町東

過往的元町，現在的中央街。
走遍新舊的主要街道
便會了解神戶的現代化。

遊逛現代的主要街道

慢走派→**180分**
快走派→**40分**

| 自行車 | 步行 | 汽車 |

建議出遊Time **11:00-19:30**

1 三宮中央街
さんのみやセンターがい

出發點還是從這裡
神戶最熱鬧的地方

SOGO神戶店前到TOR路之間的道路有數百家商店，精品店和進口雜貨店、二手書店等個性派商店居多，也有大飲食街和可以暫時照顧小孩的「保育沙龍」。

MAP 100·101

2 tutuanna*ロイヤルピンクレーベル三宮中央街店
チュチュアンナロイヤルピンクレーベルさんのみやセンターがいてん

尋找你要的襪子

從基本款到流行設計款都有，可以用低廉價格，買到因應不同用途的襪子。所有商品都是原創，每週超過一次的新貨進貨也富有吸引力。內衣類也種類充足。

☎078-331-5715 ⌂神戶市中央區三宮町1-17-4-48 センタープラザ1F ⏰10:30～21:00 ㊡無休 Ⓟ無 🚉JR三ノ宮站步行4分 MAP 101

時髦的襪子和功能性的襪子都有

出發之前先去看看

生田神社
いくたじんじゃ

旅旅之中去祈求一下？
結姻緣的神祇

日本書紀的說法，此神社是在神諭下興建而成。境內的生田之森自古就多有歌詠，祭神為稚日女尊，是著名的實現姻緣的神祇。

☎078-321-3851
⌂神戶市中央区下山手通1-2-1
⏰7:00～日落
Ⓟ有 🚉JR三ノ宮站步行5分
MAP 別冊5C-2

位於三宮鬧區內的健康長壽神祇

傳說只要向杉木新求便可實現姻緣的松尾大社（位於大鳥居右側）

將祈求的心情化為文字

（地圖）

阪急神戶高速線
元町站
阪神元町站
神戶プラザ 瓢たんR
神戶BAL·S BALANNEX
LE CIEL BLEU神戶店
5 P.101 MEDITERRASSE S
4 P.101神戶トランスバラン 東客三宮本店
P.105 tea room MADO MADO C ·VEGA
P.105 菜っぱ
神戶旧居留地 P.16 美台
元町通1 舊居留地·大丸前站
三宮神社
周邊圖●別冊4～7
1:6,000 0 60m
みなと元町站 三宮神社口

流行時尚到美食一應俱全
Clefy 三宮→

自助式的人氣甜點
ケーニヒスクローネ ザ・ダンケコレクション店→

陳列了許多五顏六色的肥皂
神戶トランスバラン→

神戸0101→
0101在關西的第一家店

AIGLE神戶店→
具有流行感覺的戶外用品店

Morozoff→
以布丁聞名

tutuanna*ロイヤルピンクレーベル三宮店→
找得到喜歡的鞋款

2

3 ケーニヒスクローネ ザ・ダンケコレクション店
ケーニヒスクローネザダンケコレクションてん

最著名的人氣甜點店

寬敞的店內設有露台座。只在ダンケコレクショ
ン店內吃得到的種類也多，可以享用午餐和甜
點。還可以在販售處購買蛋糕。

☎078-321-1030
🏠神戶市中央區三宮町2-5-5
🕐11:00～19:30（販賣部～20:00)
㊡無休(1月1日休) Ｐ無
🚃JR三ノ宮站步行7分
MAP 101

棒狀的身體用肥
皂５２５日圓
（右）、人
氣的「卸妝
洗面皂」和
「乾燥肌膚
用洗面皂」各
1500日圓

輕鬆的自助式享用人
氣的蛋糕套餐（840日
圓～）。Dresden
（抹茶果凍）315日圓
等外帶商品也多元

4 神戶トランスパラン
こうべトランスパラン

多采顏色的 講究洗面皂

店內擺了許多顏色鮮豔的透明肥
皂。卸妝和洗臉可以一次完成的肥
皂很有名；免費提供包裝，可以用
來送禮。

☎078-325-2655
🏠神戶市中央區三宮町2-10-10
🕐11:00～19:00
㊡週二、三 Ｐ無 🚃JR三ノ宮站
步行7分 MAP 100

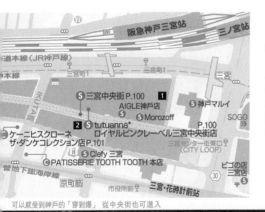

阪急神戶三宮站
三ノ宮站
道本線（JR神戶線）
本線
三宮1
三宮町1

Ｓ三宮中央街 P.100 ❶
AIGLE神戶店
Ｓ神戶マルイ

Ｓtutuanna*
ロイヤルピンクレーベル三宮中央街店 P.100
Ｓ Morozoff
SOGO

❷

ケーニヒスクローネ
ザ・ダンケコレクション店 P.101

Ｓ Clefy 三宮
Ⓒ PATISSERIE TOOTH TOOTH 本店

神地下鐵海岸線
京町筋
市役所前站

三宮・花時計前站
ビゴの店
三宮店

三宮センター街東口
(CITY LOOP)

5 MEDITERRASSE
メディテラス

三宮的地標

仿南法馬賽古老公寓的外觀
極具特色。挑高空間的店
內，各個攤位之間沒有隔
間，可以享受寬敞的購物空
間；另附設咖啡餐廳。

主題是「小巷弄裡的尋寶」

☎078-335-2181
🏠神戶市中央區三宮町2-11-3
🕐11:00～21:00
㊡不定休 Ｐ無 🚃JR元町站步行
3分 MAP 100

The 神戶觀光／三宮、元町

2、3樓設有咖啡廳
東客三宮本店

可以感受到神戶的「穿到爆」 從中央街也可進入

RANDA神戶店 📷P47→ MEDITERRASSE→

5

許多高品味店家 大人的時尚

ドンク 三宮本店 📷P22→ 神戶BAL→ LE CIEL BLEU神戶店

逛逛神戶0101、Clefy三宮、MEDITERRASSE等複合大樓，享受元町遊逛的樂趣。

1 神戸元町商店街→
日本第一條商店街

2 VEGA→
有人氣品牌

迷你G
1罐389

三宮到元町
享受現代的「元町遊逛」-2

元町東~元町西

遊逛神戶元町商店街，才是正宗的「元町遊逛」。
享受老店和新店混居的古老又現代的氣圍。

遊逛昭和初期的主要街道

慢走派→**90**分
快走派→**40**分

自行車	步行	汽車

建議出遊Time **11:00-16:00**

1 神戶元町商店街
こうべもとまちしょうてんがい

**現在過去都備受喜愛
古老又現代的
購物街**

全長約1.2km的商店街。過去曾是
西國街道的要衝，兩邊都是茶行和
和服商店；昭和初期因為時尚男女
闊步其中而熱鬧非凡。
MAP 102·103

2 VEGA
ベガ

**流行前衛鐘愛
集流行尖端商店
於一身的大樓**

複合流行時尚大樓。除了
女性、男性的流行服飾之
外，還有美甲沙龍、美髮
沙龍、法國菜餐廳等進
駐。
P 無 MAP 103

3 神戶鳳月堂
こうべふうげつどう

**不分日本西洋
時尚神戶的糕點**

1897（明治30）年創業。第一代老闆由法國糕點得
到靈感做出的GAUFRE尤其著名。2013年5月重新裝
潢啟用的本店裡，有許多來自店內工坊製作的本店限
定西點。附設的サロン・ド・テ裡，還可以品嘗到法籍
糕點師製作的甜點。

☎078-321-5598 ⟐神戶市中央区元町通3-3-10
⟐10:00~10:00（サロン・ド・テ~19:30LO）休無休
P 無 ⟐JR元町站步行3分 MAP 103

**明治維新開港當時
關卡門遺跡的石碑**
めいじいしんかいこうじせきもんあとのせきひ
上面記載著此地為外國人居
留地完成時，為了防止走私
而設置的關卡。

兵庫縣里程原點
ひょうごけんりていげんぴょう
過去由神戶測量前往各地
距離的起點，也是旅人們
的道路指標。

滝公園 たきこうえん
神戶元町商店街的休憩空
間。走累了就來小憩片
刻。

周邊圖◯別冊7

歷史悠久的日本茶行
放香堂→

4 放香堂

親子三代都喜愛的西點店
元町ケーキ→

5

Moto machi Rusk

3
神戸風月堂→
以GAUFRE聞名的西點名店

観音屋→
乳酪蛋糕聞名

パティスリー グレゴリー・コレ 神戸・元町本店 ⊠ P15・49→
法籍蛋糕師傅的店

4 放香堂
ほうこうどう

由栽種到販售都參與製作的茶葉老店

天保年間創業，在京都擁有自己的茶園。明治時代搬遷到神戶，繼續傳遞著茶香。據說是日本第一家咖啡喫茶店。

☎078-331-3117 ⚑神戸市中央区元町通3-10-6 🕙10:00～19:00 (週三(逢假日則營業) Ｐ無 🚉JR元町站步行4分 MAP 103

茶葉100公克為500日圓左右，推薦100公克1000日圓以上的茶葉。

5 元町ケーキ
もとまちケーキ

以「媽媽挑選的元町蛋糕」聞名的當地人氣店

提供價格合理又份量十足的蛋糕，是最適合當成點心的糕點。充分發揮雞蛋和牛奶等食材的味道，最適合闔家品嘗。店內也提供內用。

☎078-341-6983 ⚑神戸市中央区元町通5-5-1 🕙8:30～19:00(內用～18:45。賣完即打烊) 🈺每月1次不定休(每年1次長期休假) Ｐ無 🚉阪神神戸高速線西元町站步行3分 MAP 102

巧克力的戚風蛋糕300日圓的鬆軟到令人驚豔

みなと元町
草莓瑞士捲1條1155日圓、1塊250日圓

元町ケーキ最有名的最長銷的蛋糕便是「ざくろ」。ざくろ260日圓

6 走水神社
はしうどじんじゃ

可以祈求所有想祈願的事情神戶元町商店街唯一的神社

位於從神戶元町商店街主要道路南側一條路的地方，是舊走水村的村神。奉祀天照大神、應神天皇、菅原道真。據說對五穀豐收、健康長壽、生意興隆、學業成就等方面很靈驗。

MAP 102

地圖

Ⓢ グリーンズコーヒーロースター
バルモア病院
神戸生田中
元町駅前
花隈公園
花隈公園
阪急神戸高速線
三ノ宮駅
阪急神戸高速線
元町站
1 神戸元町商店街 P.102
4 Ⓢ 放香堂 P.103
ウインズ元町プラザ
阪神元町站
3 Ⓢ 神戸風月堂 P.102
神戸プラザ
Ⓒ パティスリー グレゴリー・コレ 神戸・元町本店
元町郵局Ｈ
8 新生
P.102 VEGA Ⓢ
元町1
2 元町通
県信組
博愛病院
居留地・大丸站
元町通1
中高速戸線
読売神戸ビル
8 三菱UFJ信託
栄町通
京橋出口
海岸通郵局

Carillon編鐘
カリヨンのかね
元町110周年紀念時荷蘭贈送的鐘，每個小時都會演奏不同的旋律，是元町的音樂地標。

滿是神戶的老街情懷
元町5丁目→

走水神社→
6

滿是鮮奶油的瑞士捲很受歡迎
菓子工房Pão・de・lo ⊠ P17→

購物回程和親子休憩的地方
元町滝公園→

三宮、元町
5分鐘圈內的車站旁午餐

抵達神戶了！觀光之前想先吃午餐！這種時候，
知道車站附近的餐廳就方便了。
介紹4家三宮、元町站5分鐘之內的美味餐廳。

JR
三ノ宮站起
2分

歡樂現場感十足的自助餐廳
THE PREMIUM ミント神戶
ザプレミアムミントこうべ

自助餐

高品質菜色和巧克力噴泉等甜點常備
超過55種。可以觀賞到開放式廚房
裡現烤牛排等的現場表演。

☎078-230-4446 ⛩神戶市中央区雲井通
7-1-1 ミント神戶7F ⏰11:00～21:30 ⏳不定休
Ⓟ有（使用ミント神戶的合作停車場）
🚉JR三ノ宮站即到 [MAP]別冊4E-4

↓具高級感的自助餐

用餐之後
+1
→將喜歡的水果
裹上巧克力的巧
克力噴泉

↑自助午餐（11:00～16:30）1699日圓（週六日、假日
為1888日圓）、自助晚餐（17:00～）2299日圓（週六
日、假日為2499日圓），飲料吧均另加199日圓

阪急神戶三宮站
JR三ノ宮站
港灣線
THE PREMIUM
ミント神戶
三宮站
TOOTH TOOTH
GARDEN
RESTAURANT
そうフフワ
阪神本線

在「都會的綠洲」裡用餐
TOOTH TOOTH GARDEN RESTAURANT
トゥーストゥースガーデンレストラン

法國菜

JR
三ノ宮站起
3分

單純、自然、師傅手藝是此
店概念。可以眺望設在大樓
11樓的庭園，品嘗大量使用
香草和新鮮蔬菜製作的花園
菜色。

☎078-230-3412 ⛩神戶市中央
区御幸通8-1-6 神戶国際会館11F
⏰11:00～23:00、單點菜～
22:00、全餐～21:30 ⏳不定休
Ⓟ有 🚉JR三ノ宮站步行3分 [MAP]
別冊6F-1

←所有的午餐都附剛出爐的
麵包隨意吃和飲料。圖為
Galette午餐1260日圓～
（平日）

↑晴天時露台座人氣高

車站周邊的午餐情報

在三宮站不知怎麼辦時，建議去複合設施或地下街。元町站周邊則有不少提供美味午餐的咖啡廳，可以多看看。

大量的當令有機栽培蔬菜

菜っぱ

なっぱ

和食

可以吃到使用大量蔬菜的創作料理。午餐很受到女性等的喜愛，甚至每天都會出現排隊人龍。夜晚則變為酒吧氛圍，可以喝到罕見的日本酒。

JR 元町站起 5分

↑咖啡廳般的店內

☎078-332-5032
🏠神戶市中央区三宮町3-2-1 力餅ビル2F ⏰11:30～14:30、17:30～21:30 🈺不定休 🅿無
🚃JR元町站步行5分
MAP 100

↑菜っぱ特製籠盛便當 2100日圓。滿是當令時蔬的籠盛，還附湯、米飯和甜點

午餐之外 +1

油炸夏季時蔬淋土佐醋的沙拉風格（945日圓）

用餐之後 +1

→蛋糕是烤乳酪蛋糕（470日圓）等（圖為示意圖）
↓午餐950日圓每週換菜，基本為白飯、主菜、副菜、湯、小甜點和茶

紅茶店的手工午餐

tea room MADO MADO

ティールームマドマド

咖啡廳午餐

紅茶專門店的午餐。只提供「本週午餐」一種，健康的美味具有高人氣。像是黑米飯等，使用有益身體的食材做成1湯2或3菜的菜色，附小甜點、紅茶。使用自行進口茶葉的紅茶味美。

JR 元町站起 3分

☎078-332-7590
🏠神戶市中央区三宮町3-2-2伊藤ビル2F ⏰11:30～19:30
🈺無休 🅿無
🚃JR元町站步行3分
MAP 100

↓陽光由大大的窗戶灑進

The 神戶觀光／三宮、元町

三宮中央街內的餐飲店比想像中少，進入小巷弄或地下才找得到。センタープラザ的地下室有低價的攤販風格店。

神戶的咖啡文化，是從開港時就存在的正統派。除了咖啡和紅茶的味道之外，搭配的糕點、空間的設計，都以舒適性為優先考量。明明還只是旅途中，卻可以放鬆好好地休憩。

人氣的購物街區

神戶有多條富有個性的街區，
很受到當地人們的喜愛。
延伸到北野的TOR路。
海灣區和南京町之間，
和海岸線平行的海岸通與榮町通。
三宮區域東側的磯上通。
想在神戶享受遊逛商店的樂趣，
那就該去探訪一下人氣的購物街區。

現在與過去都是現在的女孩最愛的
TOR路的購物

保留著古早西風東漸的老店，
和新加入的雜貨店與精品店融合，
創造出甚至被稱為TOR路調調的獨特氛圍。

純手工做的美麗帽子 1

許多值得愛惜的品項 2

來自TOR路的
健康menu

喜歡的東西
就天天都使用 4

3

做過皇室帽子的老店 1

マキシン

創業為1940（昭和15）年，剛開始是
參考國外的時尚雜誌接受訂製帽子的
店。現在則是以製帽師和員工的創意
製作新帽。

↑神戶大師山口嚴先生的原
創優美女帽71400日圓

帽子 ☎078-331-6711

⌂神戶市中央区北長狭通2-6-13

🕐10:00～18:00 🈺週三（逢假日則營業）

Ｐ無 🚃JR元町站步行5分

MAP 109

↑店內陳列著休閒到雅緻的
各款原創新作。

glass art shop **TOR DECO** Ⓢ
P.51·109

お気軽健康
カフェ あげは。Ⓗ
P.109

Ⓒ マリナーズ
厚生会病院

モントレアマリー Ⓗ

Ⓗ HOTEL TOR ROAD

ホテルモントレ神戸 Ⓗ

下山手通

Ⓡ 老房 神戸店

生田新道 ザ・ビー Ⓗ

県庁
前站

下山手通

Ⓢ Rollo

Shooby Dooby Ⓢ

神戸サウナ&スパ
Ⓢ マキシン P.108

北長狭通

北長狭通
P.109 unico神戸

牛角

阪急神戸三宮站

東海道本線
（JR神戸線）

阪急神戸高速線

周邊圖 ○別冊5B-2·3
1:7,000

TOR路從哪裡到哪裡？
大丸神戶店東側的三宮神社北方，有個TOR
ROAD的商店街。此處和北野的山本通連在一起
的路便是TOR路。

3 外食也吃得到健康的餐點

←店內寬敞，後方是
露台座

→豆漿布丁聖代840日
圓。豆漿布丁上放了黑
蜜果凍、抹茶冰淇淋、
糙米薄片等多種配料

↓季節的蒸籠蒸飯
（午）1155日圓、（晚）
1470日圓，以芝麻醬汁
或桔醋沾食數種蒸的蔬
菜食用

2 品項齊全讓內裝搭配更加有趣

↑可以搭配內裝選擇
的固定款式訂製小地毯
32550日圓～

↑也販售Kilim小
抱枕（5460日
圓）等的雜貨

↑模實的原創項
鍊（6090日
圓）不分季節都
可以使用

↓葡萄酒杯還提供
刻名字的服務（收
費）

4 以手工製品豐富生活

↑威覺會帶來幸福的山田裕子作"青鳥"橢圓
大盤12600日圓和碗3780日圓

人
氣
的
購
物
街
區
／
TOR路

2
unico神戶
ユニコこうべ

以舒適的生活為主題，匯集可以配合
用生活型態選擇的家俱。運用人氣的
3D模擬等提供週到的搭配服務。

内裝家具、雜貨 ☎078-325-0177
⌂神戸市中央区北長狭通3-1-15 トアロー
ドスクエア1F ⏰11:00～20:00
㊡不定休 Ｐ無
🚉JR元町站步行3分
MAP 109

3
お気軽健康カフェ あげは。
おきがるけんこうカフェあげは

引進長壽飲食法的要素，由營養師等
人思考使用糙米、活性水和講究的蔬
菜等製作菜色。每日午餐（998日
圓）、甜點和飲料人氣都高。

咖啡廳 ☎078-321-2780
⌂神戸市中央区中山手通2-4-8
⏰11:00～21:00
㊡無休 Ｐ無 🚉JR元町站步行7分
MAP 109

4
glass art shop TOR DECO
ガラスアートショップトアデコ

在「藉著接觸更好的玻璃製品，讓生
活能夠更具有樂趣」的概念下，陳列
了神戶作家的作品，和日本各地的作
家作品、工匠的手工作品等。玻璃的
飾品具有新鮮感。

雜貨 ☎078-322-0468
⌂神戸市中央区中山手通2-4-12
⏰11:00～20:00 ㊡週三不定休
Ｐ無 🚉JR元町站步行7分
MAP 109

從前，據說TOR路是居住在北野異人館內的外國人步行前往居留地職場的通勤路。

時尚男女聚集的流行尖端區域
TORWEST

同樣是TORWEST，西邊的區域就有些不同的氛圍。
有不少當地人喜歡的講究精品店和雜貨店，
悠閒地逛逛這條路的這家店、那邊的那家店吧。

↑擺設可愛的店內

←大理石紋不常見的賽璐珞緞帶髮夾630日圓

↓溫和色系的圓點緞帶髮圈420日圓

↓十分具有女性美的抓皺洋裝6090日圓

1
氣球胸針2100日圓
是法國的骨董品

↑氣球胸針2100日圓是法國的骨董品

1
tit.
テイト

以大人用的可愛衣服為主體，不會感到厭倦的單純設計富有魅力。在法國等地購買的骨董飾品種類也多。

衣服・雜貨 ☎078-321-0570
⌂神戶市中央区下山手通3-11-16 ケンスビル1F北側 ⏰12:30～19:30 ㊡不定休 Ⓟ無
🚉JR元町站步行7分 ⭐111

2
BROCANTETIT.
ブロカントティト

店內陳列了時間愈久愈有味道的紙製品和雜貨。以歐洲為主，每年5、6次購進的商品，像是逛跳蚤市場般的感覺。

雜貨 ☎078-391-7456
⌂神戶市中央区下山手通3-8-16
⏰13:00～19:30 ㊡週三 Ⓟ無
🚉JR元町站步行6分 ⭐111

3
Rollo Stock
ロロストック

Rollo的姊妹店，主要商品是購自歐洲的復古布料和緞帶、蕾絲類。可以找到現在很少見的商品。

雜貨 ☎078-331-0430
⌂神戶市中央区北長狹通3-11-9 野山ビル1F東 ⏰12:30～19:30 ㊡不定休 Ⓟ無
🚉JR元町站步行7分 ⭐111

2
很有品味地蒐集了歐洲的
古老物品

↑有著木頭溫暖感受的店內

←原來是在溫泉區用來飲用溫水的附竹籠玻璃杯
（7350日圓～）

↑五顏六色的美國標籤
（10片105日圓～）

↓品項齊全，連不喜歡手工藝的人都會被吸引

布料各840日圓～。
是用來縫製荷蘭復古床單的布料

設計可愛的純棉蕾絲（1m315日圓～）

3
超越時代留傳下來的
骨董布料

向店員詢問資訊
商店的員工都是那個區域的資訊通。態度親切的店員很多，不妨問問流行的資訊或美味的店家？

↑BAG'n'NOUN 60/40帆布 nap sack 10290日圓（大）、mushroom8190日圓（小）。帆布材料很好用

↑可以作為時尚配件用的絲巾等也很多元

↑新品女裝樓層

喜歡爵士和電影的達人店

5

↓放著爵士樂的店內。會不定期舉辦現場演奏

↑食物都是自製。裝盤也極為美觀

4 高級時髦人士喜好具有玩心的衣服

4 ジャンクショップファクトリー

概念是「能夠長久使用的品味和品質」。店內陳列了男女的全新服飾、二手衣和服飾雜貨等，由休閒服到正式禮服都有。

衣服 ☎078-391-3057 ⌂神戸市中央区北長狭通3-11-15 トアウエストアパートメント2F ⏰11:30～20:00 休不定休 P無 🚃JR元町駅歩行5分 MAP 111

5 MOKUBA'S TAVERN
モクバズタバーン

在全日本的爵士迷和電影迷間極為有名的店，氣氛輕鬆讓光臨的每個客人都感受得到和爵士樂的邂逅。飲料、酒精類、餐點都有。

咖啡廳 ☎078-391-2505 ⌂神戸市中央区北長狭通3-12-14 ザ・ベガ・トアロード1F ⏰11:30～23:15 休無休 P無 🚃JR元町駅歩行5分 MAP 111

6 Shooby Dooby
シュビドゥビ

以廚房、浴室、室內裝潢雜貨為中心的各項商品，從使用在日常生活裡的到最適合送禮用的都有。可以輕鬆使用的古老用品人氣也高。

雜貨 ☎078-392-1301 ⌂神戸市中央区北長狭通3-12-3 ⏰11:00～20:00 休無休 P無 🚃JR元町駅歩行5分 MAP 111

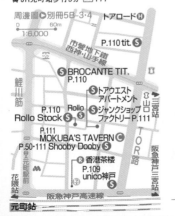

周邊圖▶別冊5B-3・4

トアロード
市營地下鐵西神・山手線
P.110 tit.
BROCANTE TIT. P.110
トアウエストアパートメント
三宮駅
鯉川筋
P.110 Rollo Stock
Rollo
ジャンクショップファクトリー P.111
山口口
P.111 MOKUBA'S TAVERN
P.50・111 Shooby Dooby
香港茶楼 P.109
unico神戸
花隈駅
阪急神戸高速線

6 自然風格的生活雜貨

↑讓餐桌更形多彩的船錨馬克杯各997日圓

↑日常使用到休閒度假都OK的皮邊竹籐包3360日圓～

←像在歐洲街角的商店一般

↑可愛又好用的琺瑯圓點保存罐（各1890日圓）

人氣的購物街區／TORWEST

TORWEST有營業到深夜或凌晨的酒吧，是神戶人交換資訊的場所。

元町站

整個區域都是寶盒
在海岸通找尋你的最愛

海岸通是一些很棒的店聚集的區域。
可以期待和自己喜愛物品的邂逅。
就去找找專屬自己的寶物吧。

←使用法國黏土手工做成的杯子14700日圓，是ASTIER de VILLATTE的商品

1 集獨創性的小物於一堂 高品味的精品店

←ASTIER de VILLATTE的香水蠟燭8925日圓，是以神戶意象調出來的香味

→紐約的紅茶工坊Bellocq的紅茶（袋裝1500日圓〜／罐裝4800日圓〜）

2 許多日常好用的 各式時尚帽子

→mature ha.的著名鴨舌帽款（6930日圓）是可以蓋住耳朵的深度設計

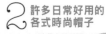

↑folding hat（6090日圓）有折線可以折起來便於攜帶

3 有夢最美的商品 許許多多

↓荷蘭最早做出來的航空公司模型機5250日圓

↑貼上貼紙改裝製作的皮箱式相簿1680日圓

1
アッシュペーブチック

有著內裝、藝術之美的各式商品，法籍採購Carole夫人精選的季節商品，感受得到新鮮的法國氛圍。

雜貨 ☎078-332-2327
⚏神戶市中央区海岸通3-1-5 海岸ビルヂング1F北側 ⏰11:00〜19:00
㊡無休（過年期間休）Ⓟ無
🚉JR元町站步行7分 MAP 113

2
mature
マチュア

帽子品牌 "mature ha." 的工坊店面。目前主推的是特別著重舒適度和材料感，讓日常生活稍微豐富些的「新普通的帽子」概念。

帽子 ☎078-333-5060
⚏神戶市中央区海岸通3-1-5 海岸ビルヂング2F 209 ⏰12:00〜19:00
㊡週二、三 Ⓟ無
🚉JR元町站步行7分 MAP 113

3
NOTAM
ノータム

由世界各地收集「單純裡感受到品味，具有設計感的物品」。有許多以航空公司相關的設計物品為主、充滿玩心的商品。

雜貨 ☎078-331-8030
⚏神戶市中央区海岸通3-1-5 海岸ビルヂング3F ⏰12:00〜19:30
㊡週二（逢假日則營業）Ⓟ無
🚉JR元町站步行7分 MAP 113

海岸大樓

1911（明治14）年完工的古老大樓，位置在國道2號旁。屬於近代西式建築的外觀，由1樓直線通到3樓的階梯令人印象深刻。

みなと元町站
みなと元町駅前
栄町4
三宮・花時計前站
市營地下鐵海岸線
栄町通
県信組 博愛病院
海岸通 S Macaroni P.113
中突堤西 中突堤筋
③
神戶華僑
海岸大樓歷史博物館
京橋出口
P.113アリアンス・グラフィック C
P.113NOTAM S
P.112mature S
P.112アッシュベープチック S
詳漫圖→別冊10D・E・F
阪神高速
柳原
②
1:7,000 70m

4 裝飾有古老物品的工坊氛圍

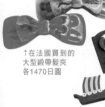

↑在法國買到的大型緞帶髮夾
各1470日圓

↑瑞典的木造掛鉤（上）892日圓和木造磁鐵組（圓形）399日圓、（船形）525日圓

5 意象商店LOGO的女生房間形象的店

↑法國人指導的咖哩套餐（午）950日圓～。乳酪蛋糕等甜點人氣也高

6 愈看愈有味道的多種個性化商品

←Romance Station的ぐるりん鑰匙包（各6500日圓），長度可以放得下汽車鑰匙

→靖工房的OSSAN（右）和YOMESA N（左）有便條紙插和筆插等2種形式（1個500日圓～）

---

4 アリアンス・グラフィック

時髦的咖啡酒吧。飲料約有200種，餐點也非常充實。午餐的推薦菜色是「法國人傳授的咖哩」。

咖啡酒吧 ☎078-333-0910
神戶市中央区海岸通3-1-5 海岸ビルヂング1F 11:30～23:00（週五六、假日前日～24:00） 無休 P無
JR元町站步行8分 MAP 113

Macaroni
マカロニ

以「喜歡有大人感覺和有小孩感覺的東西的適齡女性」為主題，也有歐洲等地進貨的飾物和珍貴的單件物品。

雑貨 ☎078-351-0521
神戶市中央区海岸通4-3-17 清和ビル1F 13:00～19:30 週二 無
JR元町站步行10分
MAP 113

6words
シックスワーズ

店內滿是以陶器、飾物、包包等「生活過的更愉快的物品」為主題各式雑貨。還有許多主要在關西活動的作家作品。

雑貨 ☎078-381-7537
神戶市中央区海岸通4-3-13 ポートビル2F
12:00～19:00
週二（逢假日則翌日休） 無 JR元町站步行10分 MAP 115

逛街購物累了就去咖啡廳小憩，這是咖啡廳多的栄町、海岸通的特色。

人氣的購物街區／海岸通

用感覺尋找
榮町通雜貨商店大遊逛

喜歡雜貨的人務必前往榮町。
小小的街區卻是閃亮無比的雜貨世界
小巷弄一條條逛，應該一定能找到你想要的物品。

↑店內陳列了有著美麗色彩的商品

1 高雅的店內顯眼又鮮豔多彩的雜貨

↓使用原創紡織品製作的小錢包（S號）2100日圓

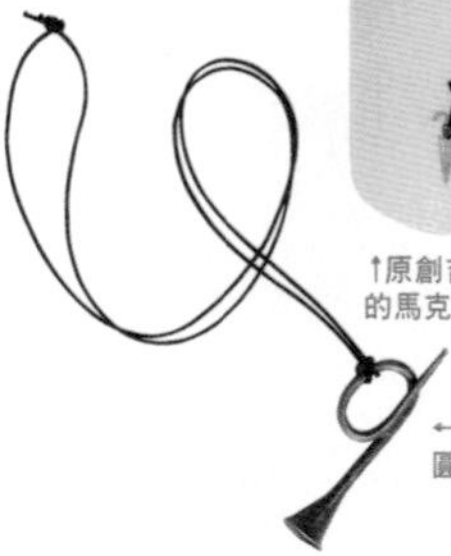

↑原創吉祥物"EGG桑"的馬克杯2100日圓

←喇叭項鍊2940日圓人氣再度復活

1 EINSHOP神戶

アインショップこうべ

販售以歐洲為主的服飾小物和內裝雜貨的精品店。自有品牌「アトリエ アイン」等原創精品也每季推出不同商品。

雜貨 ☎078-325-0588
神戶市中央区栄町通1-1-5
11:00～19:00 休不定休 P無 JR元町站步行6分 MAP115

2 DE LA NATURE

デュラナチュール

可以愉快使用且實用性高的雜貨充實。法國的廚房雜貨、文具、原創商品一應俱全。環保的藤籃很受歡迎，也有奇特外形的。

雜貨 ☎078-393-5910
神戶市中央区栄町通2-1-1
11:00～19:30 休不定休 P無
JR元町站步行6分 MAP115

3 PoLeToKo

ポレトコ

由白色原木一個一個手工製成的可愛動物「ぽれぽれ動物」，圓圓的可愛姿勢加上高雅配色，格調極高。也有點綴了可愛動物的文具和卡片。

雜貨 ☎078-393-1877
神戶市中央区栄町通1-1-10 11:00～19:00 休週三 P無 JR元町站步行6分 MAP115

2 精選實用性佳又具有樸素風格的雜貨

↑引人注目的外觀

↑高雅而有法式中國風味設計的布料（起司盒裝）3150日圓

讓購物更快樂的竹籐包，マラケッシュ ダブルレザー5250日圓～

可愛的木雕「ぽれぽれ動物」（各630日圓）有超過30種
※均需外加稅金

夢幻森林的熊熊（各1575日圓）和小熊（840日圓）人氣也高

3 會想要裝飾在房間裡的純天然雜貨

感受得到木材溫潤的店內

榮町大樓

象徵榮町通的古老大樓，獨特的LOGO就是標記。大樓內有公司、商店、藝廊等混居。

みなと元町站
S 徒步 P.115
S CÔFE PAPIER P.115
S toucher P.115
S DE LA NATURE P.50・114
EINSHOP神戸 P.49・114
P.113 6words S
P.114 PoLeToko S

元町通　VEGA
元町1丁目　舊居留地・大丸前站
・読売神戸ビル
MRSX
三菱UFJ信託
東京スター
海岸大樓　神戸華僑歴史博物館　海岸通郵局
中国　りそな
乙仲通
東洋ビル
周邊圖 ●別冊7B・C-3・4
1:7,000　70m

↓被法國深深吸引的店主經營的小店

↑實用而美麗的法國小盒。紙製680日圓～、玻璃製2100日圓

↓原創亞麻洋裝7245日圓（左）和手工木製原創燈座11340日圓

4
濃重法國氣息中
如小小寶盒般的店

→店主對它的美深深著迷的古典蕾絲1m420日圓

6
不做作的
單純樸素的雜貨

↑可以放鬆從容地選購

4
toucher
トゥシェ

店內陳列了設計不受流行趨勢左右的二手衣，質優而美麗的古典蕾絲和鈕扣等法國採購的商品，以及原創飾物等。

衣服・雑貨 ☎078-321-0377 ⌂神戸市中央區栄町通3-1-12 伊藤ビル2F ⏰13:00～19:30 休週二、三(達假日則營業) P無 🚋JR元町站歩行6分 MAP 115

5
CÔFE PAPIER
カフェパピエ

整棟古老大樓都是神戸原創聚集的「工匠長屋」。店主jiji是包裝紙的大盤商，2樓的Vaskpapero裡，蠟紙和封蠟等「包裝」的商品齊全。

雑貨、咖啡廳 ☎078-333-4344 ⌂神戸市中央区栄町通3-2-4 和栄ビル ⏰12:00～20:00 休週三・不定休 P無 🚋JR元町站歩行8分 MAP 115

6
徒步
とほ

堅持商品原創，商品有兒童服飾和木工商品、作家器皿等生活雜貨。木工商品包含了家具、廚房用具和照明器具等。

雑貨 ☎078-321-6899 ⌂神戸市中央区栄町通3-2-8 松尾ビル2F ⏰14:00～19:00 休週二、三 P無 🚋JR元町站歩行8分 MAP 115

5
尋寶氛圍來享受
古老大樓的商店&咖啡廳

→將信件封蠟的封蠟套組。封印3500日圓～、把手780日圓～、蠟680日圓～

↑德國的蕾絲紙12張入480日圓～

→有許多三角袋和藥局用袋等罕見物品的歐洲市場紙袋10張380日圓～

←除了2樓的Vaskpapero之外，還有二手衣等5家店鋪入駐

海岸通與榮町通之間的乙仲通有許多雜貨店，數量多到走路就會碰到的程度。

找找行家才知道的那家店
磯上通漫步

有許多倉庫和辦公室的商業區磯上通，
其實是個逛街達人喜愛的不起眼店家的區域。
沒有華麗的感覺，但喜歡的人絕對會愛到不行的大人區域。

在綠意和水聲圍繞下
享受美好的休憩時光…

北歐家具和カリモク60、
設計師的照明等
室內裝潢用品種類齊全

聞到了甜甜香氣時…
沒錯，就是這家店了

一本店限定的菓子蛋糕399日圓。
鬆軟的蛋白霜上層，覆蓋上大量
使用丹波國產栗子概的
蘭姆酒風味栗布朗醬

高雅而沉穩的氛圍也很有
磯上通的感覺

光、綠、水
為主題的
休憩咖啡廳
→店內寬敞，水聲和
綠意讓人感受到自然

↓沙發座最受歡迎

↑美味蛋包飯900日圓（前）。使用半釉汁炒
出的雞肉飯不會太甜，男女都喜歡。冰焦糖
牛奶為630日圓

GREEN HOUSE "Aqua"
グリーンハウスアクア

配有綠色植物的店內有著流水聲音，
坐得愈久愈能心情安適。座位寬大極
為舒適；種類豐富的原創菜色也有高
人氣。

咖啡廳 ☎078-262-7077
⌂神戶市中央区磯上通4-1-25 ⏰11:00
～24:00（餐點LO～23:00、飲料LO～23:30）
休 無休 P無 🚃 JR三ノ宮站步行8分
MAP 117

周邊圖 ◎別冊2D-3・4

三宮站

ミント神戸 ⓗ東急イン
OSシネマズ 勤労会館 1:8,000 0 80m

阪神
三宮站 ② 区役所前
ROUND1 阪神本線
日本生命

ⓒ ファクトリー シン 三宮本店 P.117

ⓗAPA
御幸通郵便局 三宮中央ビル
ダイワ
ⓗ ロイネット
御幸通

貿易
センター站 ⓢ P.51・117
A NON DESIGN
磯上通6 ⓡ 黒十 P.117 磯上通
P.116 GREEN HOUSE "Aqua" ⓒ
WC スカイビル
磯上公園 ⓗ1-2-3神戸
磯上公園前

2

餐具和雜貨、家具等
個性豐富的商品齊全

←可以選作為禮物和贈品用
商品也為數眾多

↑M原創的皮革小物人氣也高。
三角筆盒4300日圓

現代&時尚感十足的 3
法式甜點坊

↑鋪上堅果泥烤成的塔
再擠上卡士達醬,最後
擺上大量莓果做成的水
果塔(莓果)473日圓

↑以100%Q彈米粉的
餅皮包奶霜狀鮮奶油
和卡士達奶油而成的
舒芙蕾捲(210日
圓)

←山藥味噌鍋(1人份1995日圓、2人起開鍋)

↑著名的釜飯為2~3人份

↑味道豐富的梅酒
(580日圓~)種
類也多

人氣的購物街區/磯上通

2
A NON DESIGN
アノンデザイン

北歐進貨的二手家具和カリモク60系
列、設計師商品的生活雜貨等一應俱
全。店內陳列了高品味精選的雜貨、
餐具等多樣化的品項。

雜貨 ☎078-262-6445
⌂神戶市中央区磯上通6-1-15
⏰11:00~20:00 困不定休 ℗無
🚃JR三ノ宮站步行5分
MAP 117

3
ファクトリー シン 三宮本店
ファクトリーシンさんのみやほんてん

高品味的店內陳列著現做的蛋糕。使
用精選當令水果,以及蒙布朗是接單
後現搾奶霜做的新鮮甜點備受矚目。

烘焙甜點坊 ☎078-272-6111
⌂神戶市中央区小野柄通6-1-9 富士ビル
1F ⏰10:00~20:00(內用~19:30)
困無休 ℗無 🚃JR三ノ宮站步行5分
MAP 117

4
黒十
こくとう

使用山藥和野生山藥、蘿蔔等山珍,
和瀨戶內的當令海鮮,提供季節感十
足又極為美味的和食。釜飯和鍋類尤
其值得一嘗。

和食 ☎078-265-5910
⌂神戶市中央区磯上通6-1-9 ⏰11:30~
14:30、17:30~23:00(週日、假日晚
餐~22:00)困不定休 ℗無 🚃JR三ノ宮
站步行5分 MAP 117

4
使用當令海鮮、山珍的
和食舒暢享用

大型的甜點店登場等具吸引力的店增加中,是個期待值愈來愈高的區域。

神戶是個有許多坡道的城市。

尤其是山手、北野坂、

HUNTER坂、不動坂、天神坂、

還有其他許多不知名的坡。

上到坡頂的高地遠望，

就可以看到海。

從前，外國的人們，

您該也是看著同樣的風景，

享受著

這美好的神戶生活才對。

山手 鄰近區域

由神戶向東行
會到有著風雅住宅和高水準商店的郊區。
向北走則有都市型度假區有馬溫泉。
這任何一個地方,都是由神戶出發30分鐘可達的
山手 鄰近區域。
何妨由神戶中心區,踏出一步往外去,
再多享受另一個神戶呢。

有馬溫泉站→

神戶出發不過30分
在有馬溫泉享受漫步樂趣

有馬溫泉是日本三大古湯之一，因為豐臣秀吉的喜愛而聞名。
隨意漫步於歷史區域裡，再繞去做個足浴和美容，
疲累也會逐漸消失，心情和肌膚都會更精神，更美麗。

慢走派→**240**分
快走派→**90**分

| 自行車 | 步行 | 汽車 |

建議出遊Time **11:00-17:00**
洽詢　有馬溫泉觀光綜合服務處
☎078-904-0708

---

1 有馬玩具博物館
ありまがんぐはくぶつかん

大人和兒童都熱衷在其中！

收藏了歐洲和世界各地的玩具約4000件，按照主題分為4個樓層展示。博物館商店裡還販售德國的胡桃鉗人偶和會冒煙的人偶。入館費800日圓。

博物館　☎078-903-6971
🏠神戶市北區有馬町797 ⏰9:30～17:30
㊡不定休 Ⓟ(使用合作停車場)
🚃神戶電鐵有馬溫泉站步行5分
MAP 120

2 有馬本溫泉 金の湯
ありまほんおんせんきんのゆ

可以輕鬆享用金泉

有馬著名「金泉」的外湯。浴場包含了有馬傳統工藝裡很重要的竹子為主題的「一の湯」，和以瑞寶寺公園的紅葉為意象的「二のゆ」。玄關旁有免費的「太閣的足湯」。入浴費650日圓。

溫泉　☎078-904-0680
🏠神戶市北區有馬町833
⏰8:00～21:30 ㊡第2、4週二
(逢假日則翌日休、1月1日休) Ⓟ
無 🚃神戶電鐵有馬溫泉站步行
5分 MAP 120

有馬溫泉站
地下鐵三宮站出發，
在北神急行谷上站轉
乘，30分可達。三宮
出發為900日圓。

3 ニュールンベルグ酒吧

泡完湯後的啤酒和香腸

「金の湯」對面氣氛輕鬆的酒吧。晴朗的日子建議坐露台座；香腸和啤酒、霜淇淋等也都別錯過。

酒吧　☎078-904-0553
(御所坊)
🏠神戶市北區有馬町797
⏰10:00～20:00 ㊡不定休
Ⓟ無 🚃神戶電鐵有馬溫泉
站步行5分 MAP 120

溫泉寺
據聞為奈良時代僧人行基興建的名剎。由境內可以眺望溫泉街。

三津森本舖→ 　　　　　有馬溫泉 銀の湯→　　　　太閣の湯殿→

有馬玩具博物館→ 　有馬本温泉 金の湯→ 　　　　　　　ニュールンベルグ酒吧→

4 三津森本舖 みつもりほんぽ

不可或缺的有馬名產

1907（明治40）年創業的老店。使用天然碳酸水，一片一片烤成酥脆易入口又有著獨特的香氣。

伴手禮 ☎078-903-0101（三ツ森本店）
🏠 神戸市北区有馬町809
🕐 9:00～18:00 🈺無休 🅿無
🚃 神戸電鐵有馬温泉站步行5分
MAP 121

〈有馬溫泉小知識〉
有金泉、銀泉等二個源泉，金泉含鐵的成份呈赤褐色；銀泉則為無色透明的碳酸泉和鐳泉。

圓繡裝
34片1050日圓
46片1350日圓

瑞寶寺公園
據說是豐臣秀吉和千利休舉辦茶會的公園。以紅葉聞名。

5 有馬温泉 銀の湯 ありまおんせんぎんのゆ

不刺激皮膚的碳酸泉和鐳泉

使用有馬的碳酸泉和鐳泉「銀泉」的公共浴場。穩重的日式建築，大浴場則是仿照據說豐臣秀吉曾經入浴的岩風呂，也有休憩區。入浴費500日圓。

温泉 ☎078-904-0256
🏠 神戸市北区有馬町1039-1 🕐9:00～20:30
🈺 第1、3週二（逢假日則翌日休、1月1日休）🅿無
🚃 神戸電鐵有馬温泉站步行10分 MAP 121

6 太閤の湯殿館 たいこうのゆどのかん

知道秀吉入浴的模樣

將摯愛有馬的豐臣秀吉相關「湯山御殿跡」復原的設施。可以近距離參觀安土桃山時代的蒸氣浴等的結構。也有出土品的展示與有馬歷史等的介紹。入館費200日圓。

博物館 ☎078-904-4304
🏠 神戸市北区有馬町1642
🕐 9:00～16:30 🈺博物館 🅿無
🚃 神戸電鐵有馬温泉站步行8分
MAP 121

7 有馬温泉 太閤の湯 ありまおんせんたいこうのゆ

以岩盤浴和護膚來放鬆身心

擁有豐臣秀吉喜愛的金泉蒸氣浴等24種各具特色的浴池和岩盤浴，可以同時享受金泉、銀泉、碳酸泉（人工）等的温泉園區，用餐設施齊備。含館內服、毛巾類，入館費2400日圓。

周邊圖 P.136

有馬汽水（サイダー）
使用從前被認為是毒水而敬而遠之的碳酸水做成日本最早汽水的復刻版。伴手禮店等地可購買。

温泉 ☎078-904-2291
🏠 神戸市北区有馬町池の尻292-2
🕐 10:00～23:00（入館～22:00）🈺不定休
🅿有 🚃 神戸電鐵有馬温泉站步行7分 MAP 121

山手鄰近區域／有馬溫泉

炭酸泉源→ 　　　　　有馬温泉 太閤の湯→ 　　　　　　瑞寶寺公園

有馬溫泉的網頁為 http://www.arima-onsen.com/chu1

乘著風，前往六甲山
天空、綠意、綿羊，還有迷你馬

從背後守護著神戶般的六甲山系。
不妨多玩些地方，前往山腹上的牧場。
寬闊的綠地，保證明天一定會有元氣。

牧場吊橋

Golden Point的眺望

綿羊在園內任何地方都看得到

在前往六甲山牧場的巴士上可看見六甲山牧場

每天都會進行牧羊犬的趕羊秀（下雨中止）

趕羊秀會場

牧場夢工房

動物互動廣場

Silver Point

Green Point

六甲山QBB奶酪館

陶遊房

迷你馬舍

迷你馬牧場

木曾馬舍

西入口

賓館

牧場吊橋

南入口

Golden Point

北入口

神戶市立
六甲山牧場
MAP

牧場夢工房1樓的麵包店&咖啡廳「テルババ」內可享用簡餐

木曾馬舍可以看到日本原種的馬

122

♪要怎麼去六甲山?

行六甲山區的巴士,有六甲摩耶スカイシャトルバス和六甲山上バス等2種。要前往六甲山牧場要搭有六甲摩耶スカイシャトルバス,而前往六甲空中庭院則應搭乘六甲山上バス(週六和阪急巴士聯營,週日假日則由阪急巴士營運)。二者都在六甲電纜車山上站搭乘。

六甲山上巴士

懐望視野極佳的六甲空中庭院

帝國高雅城堡般城館

綠色山丘上的放鬆之旅
神戶市立六甲山牧場
こうべしりつろっこうさんぼくじょう

有著廣大綠色草坪的觀光牧場。可以自己體驗製做羊毛的手工藝品、乳製品的工房,可以隔著玻璃參觀的乳酪製作程序的六甲山QBB奶酪館裡則附設餐廳。

牧場
☎078-891-0280
🏠神戶市灘區六甲山町中一里山1-1
🕐9:00〜16:30(3月20日〜10月14日的週六日、假日和8月〜17:30)週二(逢假日順延;3月20日〜11月5日無休;1月底〜2月可能檢修設施休)¥500日圓 有
🚌六甲摩耶スカイシャトルバス六甲山牧場下車即到 MAP 123

乳酪工廠的乳酪
120g裝1050日圓

レストラン神戶チーズ餐廳內可享用乳酪瑞士鍋等菜色

想要看得更遠
就到新感覺的山上庭院去
六甲空中庭院
ろっこうガーデンテラス

從明石海峽大橋,到大阪平原、關西國際機場等都可以一覽無遺。像是歐洲城鎮風格的占地內,設有咖啡廳和時尚雜貨商店等。

公園
☎078-894-2281
🏠神戶市灘區六甲山町五介山1877-9
🕐9:00〜21:30(因季節、星期、天候、店鋪而異)
無休(冬季會有店鋪不定休) 有 🚌六甲山上バス六甲ガーデンテラス下車即到 MAP 123

位於空中庭院內的
放鬆休憩的咖啡廳
グラニットカフェ

店名裡的グリニット是花崗岩的意思。從歐式的建築物內有著時尚內裝的店內,窗外的壯闊美景盡收眼底。午餐和甜點、晚餐時間的菜色選擇都十分豐富。

咖啡廳
☎078-894-2112
🕐11:00〜21:00(因季節、星期、天候而異)
MAP 123

可以吃到手工製作的美味甜點

六甲山上另有六甲高山植物園和六甲音樂盒博物館等的景點。

阪神間
甜點名店聚集的城市

在關西，若說「甜點的激戰區」，指的就是這個區域。
高水準的甜點店密集，喜歡甜點的人甚至特地遠道而來。
當伴手禮固然不錯，但務必在這裡品茶及享用現做的甜點。

堪稱阪神間
甜點原點的店

也是店名由來的
橙香火焰可麗餅
（附紅茶或咖啡1418日圓）

創業當時，能吃到
甜點的咖啡廳
都是最摩登的

可以吃到道地甜點的名店

HENRI CHARPENTIER芦屋本店

‖芦屋‖アンリシャルパンティエあしやほんてん

1969（昭和44）年創業的アンリ シャルパンティエ第1家店。有許多人為了吃到創業當初至今的招牌甜點「橙香火焰可麗餅」而遠道前來。可以搭配其他蛋糕享用。

☎0797-31-2753
⌂芦屋市公光町7-10-101
🕐8:30～20:00（內用～19:30）
休無休 ℗無
🚉阪神芦屋站即到

外帶OK
內用OK

芦屋のクレープ
ア・ラ・レーヌ231日圓

費南雪
5個裝683日圓

什麼是阪神間？

指的是神戶到大阪之間的區域。蘆屋、西宮、寶塚等高級住宅區多，主要指的是阪急神戶線沿線，尤其是御影、岡本一帶色彩更為強烈。

歐洲香味濃厚的甜點

御影高杉

||御影|| みかげたかすぎ

`外帶OK` `內用OK`

特別要求麵皮的法國糕點店。千層派和水果小蛋糕等濕潤的派和烤得到位的海綿蛋糕備受好評。烤的糕點有宅配服務。店內還可以享用早午餐。

☎078-811-1234
⌂神戶市東灘區御影2-4-10 クラリティ・フラット101
🕐10:00～20:00(19:30LO)
休 不定休
P 有 🚃 阪急御影站即到

千層派ミルフィーユ・オ・フリュイ（788日圓）是以薄派皮堆起來而成的超級人氣甜點

可以讓人放鬆的柔軟而細致的味道

impression

||御影|| アンプレシヨン

`外帶OK` `內用OK`

常備有約30種的蛋糕和20種烤的糕點。高雅的甜味受到廣泛客層的喜愛。使用法國產乳酪的白乳酪蛋糕Cremet d Anjou最受歡迎。

☎078-856-4600
⌂神戶市東灘區御影2-2-5
🕐10:00～19:30
（販售～20:00）
休 無休 P 無
🚃 阪急御影站即到

白乳酪蛋糕Cremet d Anjou420日圓，內餡為覆盆子

巴黎認同的實力派甜點

L'atelier de Massa

||岡本|| ラトリエドゥマッサ

`外帶OK` `內用OK`

在大大的展示櫥窗裡設有"糕點之家"，讓小朋友們也能夠享受到。在巴黎著名甜點店中學藝過的店主主廚，實力和人品都能夠感受到的好店。

☎078-413-5567
⌂神戶市東灘區岡本4-4-7
🕐10:30～19:30(內用為18:30LO) 休 週二、不定休
P 無
🚃 阪急岡本站步行10分

控制甜度，可以吃到栗子美味的特選栗子蛋糕525日圓

單純的烘焙點心最受歡迎

エルベラン

||夙川||

`外帶OK`

使用深層水等，很重視自然味道的講究名店。純粹的味道很受歡迎，而低廉的價格設定和請客人試吃的親切店主也是人氣的來源。

☎0120-440-380
⌂西宮市相生町7-12
🕐8:30～18:30(賣完即伴)
休 週二、三不定休(逢假日則變更)
P 有
🚃 阪急夙川站即到

使用澤西牛奶的鮮奶油，味道清爽可口的檸檬派320日圓

山手鄰近區域／阪神間

沒什麼時間卻想跳著看看西點店時，就在阪急御影站下車。逛逛車站旁的御影高杉和Impression就大滿足了！

優雅的一宿
住住神戶北野飯店

前往集女性嚮往住上一晚的神戶北野飯店。
每間都有不同風情的高雅洗練30間客房裡，時間靜靜地流過。
沿著面對TOR路的平緩階梯向上走，好了，Check in吧。

check in ·········· 15:00

check in在15時之後

在大廳櫃枱接受高雅的迎接，領取鑰匙。踏上大紅色地毯前往房間。

神戶北野飯店
‖ 北野 ‖ こうべきたのホテル

神戶auberge型態的代表性飯店。法國菜餐廳アッシュ裡，除了可以品嘗到山口浩總主廚被稱為「水的法國菜」的法國菜色之外，還設有咖啡餐廳igrek。客房內擺放著向英國訂製的家具類，有著穩重舒適的氛圍。在宛如歐洲華宅的空間裡，身心都得以放鬆。

☎078-271-3711
⌂神戶市中央区山本通3-3-20
IN15:00 OUT12:00
Ⓟ有
🚃JR三ノ宮站步行15分
MAP別冊9A-4

專案費用
雙人房（單人使用）
·淡季28000日圓～
·假日前日&常態季節33500 日圓～
·旺季36000日圓～
雙床房（2人住宿時的客房費用）
·淡季37500日圓～
·假日前日&常態季節43000 日圓～
·旺季45500日圓～

16:00

relax

18:30

下到大廳來小憩片刻，在接下來要度過的飯店時間裡要讓思維奔放。在舒適寬敞的沙發上談談旅行的計劃也不錯。

21:30

dinner

bathing

終於到了期盼好久的晚餐時間了。穿著正式服裝前往法國菜餐廳アッシュ。品嘗著少用奶油和鮮奶油的水嫩菜色，度過幸福的時光。

優雅的入浴時間。神戶北野飯店的環境舒適度人氣也高。部分客房備有「貓腳浴缸」，就像成為了歐洲名媛般的氛圍。

什麼是auberge？

就是提供住宿的餐廳之意。換句話說，因為餐廳的餐點很重要，因此除了住宿之外，還要享受飯店內用餐滋味的型態。

check out

12:00

享受了21個小時滋味後 check out離開飯店。

10:00

shopping

在飯店夾著TOR路對面的イグレックプリュス＋ホテルブティック（↗P.49、51、82）尋找伴手禮。店內陳列有早餐供應的美味麵包和果醬，和飯店精選的雜貨等。

每間客房的感覺不同

8:00

23:00

sleeping

breakfast

客房裡有玫瑰粉紅、綠、白等的主題色。期待明天的到來Good Night！

※圖中的客房均為Presidential Twin，2人一間1泊2食（アッシュ進晚餐的情況）為1人47000日圓起，（igrek用晚餐時）為36000日圓起

享用餐廳咖啡廳igrek著名的早餐。小型豪華酒店協會推薦為世界第一的歐式早餐，提供數種麵包、果醬、果汁、水果等多元的內容。

在麵包城神戶，飯店製作的麵包人氣也高。早餐可以考慮在飯店品嘗剛出爐的麵包。

HAPPY！神戶STAY
以滿意度選擇的高規格飯店

期待旅行時飯店的事項有哪些？
美味的餐飲、舒適的美容、悠閒地眺望景色…。
在此介紹2家飯店，提供美好的神戶夜晚。

1 **2** **3**

全客房設有陽台，神戶大海環抱的飯店

神戶美利堅公園東方飯店

‖美利堅公園‖神戶メリケンパークオリエンタルホテル

被海圍繞了270度的神戶度假飯店。挑高的大廳和看得到海的餐廳、設有陽台的客房等，洋溢著開放而休閒感覺的空間。不論眺望、客房、用餐、休閒設施等，都有著神戶的精髓，可以滿足旅行的情緒。

☎078-325-8111 ⬚神戶市中央區波止場町5-6
🕐IN 15:00 OUT12:00 🅿有 🚌各線三宮站免費接送巴士20分 MAP別冊10D-4

1和神戶港燈塔同為美利堅公園象徵的著名白色飯店
211樓南側的corner suite大套房裡設有「海景浴室」
3飯店內隨處都能看到美麗的港口夜景

專案費用
單人房（1間費用）
・平日 16000日圓～
・假日前日 21000日圓～
雙床房
（2人住宿時1間的費用）
・平日 25000日圓～
・假日前日 30000日圓～
※稅和服務費10%另計

住宿期間視費享樂的HAPPY景點 in神戶美利堅公園東方飯店

擁有挑高天花板的寬闊大廳

客房有319間，全部的客房都設有陽台

具有海邊度假村般，有開放空間感的鬆弛身心泳池「サンデッキ」

牛排屋「Oriental」可以在夜景陪伴襯下享用鐵板燒

Lounge & Dining「Pier」。可以在早、午、晚變化萬千的海景下用餐

海景的美景當前，在陽台上享用早餐

新神戶站直通。神戶最高的高層飯店

神戶全日空皇冠廣場酒店

‖ 新神戶 ‖ ANAクラウンプラザホテル神戶

都會型的高層飯店望出的神
戶夜景絕美。高雅而寬敞的
客房，讓人有放鬆休憩的感
覺。擁有風靡全球spa迷的

「ANGSANA Spa」日本第
1家店等，健康和療癒的服
務也極為豐富。直通新神戶
站，交通便捷。

☎078-291-1121 ⏏神戶市中央区北野町1
⏰IN15:00 OUT12:00 🅿有 🚃直通山陽新幹線、
神戶市營地下鐵新神戶站 🅼別冊8F-1

■位於山手的神戶地標
■也有可以在客房享用晚餐的專案
■俱樂部樓層專用的37F俱樂部Lounge

以滿意度選擇的高規格飯店

專案費用
單人房（1間費用）
・15015日圓～
雙床房
（2人住宿時1間的費用）
・27720日圓～

住宿期間視覺享樂的HAPPY景點 in神戶全日空皇冠廣場酒店

夜景一覽無遺的客
房為俱樂部豪華雙床

俱樂部Lounge的早餐，還
可以享用午茶和雞尾酒

「ANGSANA Spa」可以享受到經泰國政
府認定的學院裡，學習專門技術的治療師
提供高水準的施術

全天候型的室內泳池
裡，還有氣泡浴和三
溫暖等設施

36樓的餐廳＆酒吧Level
36，可以欣賞美麗景觀享
用義大利菜

旅行中若要享受飯店內的停留時間，則早起利用飯店各項設施也是不錯的方法。

有神戶感覺的
享受氛圍的古典飯店

雖然規模並沒有很大，
但卻有著滿滿「哦，來到神戶了！」氛圍，
這裡介紹充滿神戶獨特氛圍的飯店。

面對TOR路的
紅磚造的飯店

洋溢著異國風情
神戶的歐式飯店

中庭的迴廊裡噴水的
水聲不絕於耳

高雅的大廳　　　　　　　　義大利調的大廳　　　　　　　靜寂包覆的大廳

←位於9樓被稱為Concept Floor的9間客房，設計上各不相同，並且有各自專屬香氣的主題。指定自己喜歡客房的回頭客很多。

這裡最迷人！
每間客房的設計都不一樣

世界唯一以「香氣」為主題的客房

1 HOTEL TOR ROAD
‖TOR路‖

古典的英國風格外觀，已經成為神戶的風景之一。76間客房，統一為古典裝潢設計，是個可以在沉穩燈光裡感受到放鬆的舒適空間。

←優雅花色很受歡迎的 Petit Luxury Room

專案費用
單人房 8000日圓〜
雙床房 14000日圓〜

☎078-391-6691
⌂神戶市中央区中山手通
3-1-19 客室76間 ⏰IN15:00
OUT11:00 P有合作停車場
（另外付費）🚃JR三ノ宮站步行
7分 MAP別冊5B-2

這裡最迷人！
1F有神戶很受歡迎的蛋糕店！

2 料理和甜點美味的
ホテルピエナ神戶
‖三宮‖ホテルピエナこうべ

每個樓層內裝的搭配都加以統一，是座時尚感覺的飯店。90間的客房裡，都放置了北義大利手工製作的家具。餐廳也很有人氣。

☎078-241-1010 ⌂神戶市中央区二宮町4-20-5
客室90間 ⏰IN15:00 OUT12:00 P有(有車高限制) 🚃JR三ノ宮站步行7分 MAP別冊4F-1

↓備受好評的早餐，是食材和美味都極為講究的日西式自助餐。糕點師做的每日甜點也大受歡迎

↑對於食材和味道的組合極為講究下做出的蛋糕

一般費用
單人房 18300日圓
雙床房 25800日圓

↓以褐色和米色系搭配而成的客房，充滿了穩重舒適的氛圍

這裡最迷人！
歐洲風格的客房

3 讓人連想到歐洲古堡的個性派飯店
ホテルモントレ神戶
‖三宮‖ホテルモントレこうべ

↑位於鄰近生田神社與東急手創館的鬧區內，但一腳踏進後就隨即進入寧靜的世界

專案費用
單人房 15000日圓
雙床房 28000日圓

重現北義大利羅馬式樣，厚重而高格調的建築、以摩登米蘭為主題設計的客房等，洋溢異國風情的個性派飯店。全部客房貼上赤土陶磚的地板也很罕見。

☎078-392-7111 ⌂神戶市中央区下山手通2-11-
13 客室164室 ⏰IN15:00 OUT11:00 P有(有車高限制) 🚃JR三ノ宮站步行5分 MAP別冊5C-3

HOTEL TOR ROAD和ホテルピエナ地理位置適合北野觀光；ホテルモントレ神戶則位於更熱市的區域。

享受氛圍的古典飯店

感受海上的風、山上的空氣
神戶的飯店

可以舒緩旅途的疲憊，小伴旅介紹的飯店。
請參考價格與客房大小等6個講究的符號

住宿費用為淡季的平日，S為單人房，T為雙床房2人住宿時的1間客房費用。

海灣區

H 神戶大倉飯店
ホテルオオクラ神戶
HP C 環 寬 □ □

☎078-333-0111(預約專用078-333-3555)
¥T26250日圓～(加服) 室洋室470、和室1、和洋室4 IN15:00 OUT12:00
🚃JR、阪神元町站步行10分
Ｐ有 MAP別冊10E-2

神戶代表性的飯店之一。掛有名畫的大廳、美麗的日本庭園、沉穩的客房等，充滿了高雅的氛圍。

三宮

H Hotel Monterey AMALIE
ホテルモントレアマリー
HP C 環 寬 □ □

☎078-334-1711
¥S17000日圓～、T30000日圓
室洋室69 IN15:00 OUT11:00
🚃JR三ノ宮站步行7分
Ｐ有 MAP別冊5C-2

以豪華帆船為主題打造而成的館內，享受得到搭帆船旅行的氛圍。使用大量木材營造出溫暖感受的客房，也大受女性喜愛。

三宮

H 三宮站前酒店
三宮ターミナルホテル
HP C 環 □

☎078-291-0001
¥S10040日圓～、T20440日圓～ 室洋室190 IN15:00 OUT11:00
🚃JR三ノ宮站直通
Ｐ有 MAP別冊4E-3

位於JR三ノ宮站內，搭乘三宮站內開車的港灣線，10分鐘可達國際會議場、18分鐘到神戶機場；搭地下鐵2分鐘即可抵達新幹線新神戶站。

三宮

H the b 神戶飯店
ザ・ビー神戶
HP C 環 □ □

☎078-333-4880
¥S11000日圓～、T22000日圓～
室洋室168 IN15:00 OUT11:00
🚃JR三ノ宮站步行3分
Ｐ無 MAP別冊5C-3

時尚的內裝營造出高雅的空間，提供高品質的睡眠保證。位於神戶中心的三宮，地理位置良好，距離JR、阪急、阪神三宮站步行只需3分鐘。

元町

H 神戶廣場飯店
神戶プラザホテル
HP C 環 □ □

☎078-332-1141
¥S8500日圓～、T16000日圓～ 室洋室138
IN15:00 OUT11:00
🚃JR元町站即到
Ｐ有(契約停車場) MAP別冊7C-2

具有異國風情的元町站前時尚飯店。機能性而現代的客房，出自於裝潢設計師的設計。

磯上通

H 神戶太陽道雅致大飯店
ホテルサンルートソプラ神戶
HP C 環 □ □

☎078-222-7500
¥S9800日圓～、T19500日圓～ 室洋室218
IN14:00 OUT11:00
🚃JR三ノ宮站步行7分
Ｐ有 MAP別冊2D-4

距離JR三ノ宮站不遠，各項商務支援的功能完整。也有TEMPUR的客房和療癒客房。

舊居留地

H HOTEL VIA MARE KOBE
ホテルヴィアマーレこうべ
HP C 環 □

☎078-321-0067 ¥S9450日圓～、T15750日圓～
室洋室95 IN14:00 OUT11:00
🚃JR三ノ宮站步行8分 Ｐ有 MAP別冊6E-3
POINT 適合觀光的地理環境，全客房半雙人床。

三宮

H 神戶花ホテル
こうべはなホテル
C

☎078-221-1087 ¥S5000日圓～、T7000日圓～ 室洋室47
IN15:00 OUT10:00 🚃JR三ノ宮站即到 Ｐ無 MAP別冊4E-3
POINT 往異人館步行只需要10分鐘，位置良好。

海灣區 Ⓗ ホテル神戸四州園
ホテルこうべししゅうえん　⊞ Ⓒ 🚭 🛎

☎078-341-2944
💴S8295日圓～、T15225日圓～
室洋室56 IN15:00 OUT11:00
🚉JR神戸站步行3分
Ｐ無　MAP別冊3A-4

地理位置優越，前往臨海樂園或各種遊
覽船乘船處都步行可達。全館無線上網
環境，可以免費使用網路。

海灣區 Ⓗ HOTEL LA SUITE KOBE HARBORLAND
ホテル ラ・スイート神戸ハーバーランド　⊞ Ⓒ 🚭 🛏 🛎 🎁

☎078-371-1111
💴T51000日圓～
室洋室49、洋室(和室付)21
IN15:00 OUT12:00 🚉JR神戸站步行10
分　Ｐ有(1晚1000日圓)　MAP別冊10D-2

客房全部是海景房，且全部設有陽台和氣
泡浴池。露天下享用早餐，或泡澡時欣賞
夜景等，可以奢華地度假期。

港區人工島 Ⓗ 神戸波多比亞飯店
神戸ポートピアホテル　⊞ Ⓒ 🚭 🛏 🛎 🎁

☎078-302-1111
💴S11550日圓～、T26565日圓～
室洋室745 IN15:00 OUT12:00
🚉港灣線市民廣場站直通
Ｐ有　MAP136

高樓層北側可以觀賞神戸1000萬美元的
夜景，南側則可以看到海上的機場等神戸
第一的美麗視野。

六甲人工島 Ⓗ 神戸灣喜來登大酒店
神戸ベイシェラトンホテル&タワーズ　⊞ Ⓒ 🚭 🛏 🛎 🎁

☎078-857-7000
💴S28875日圓～、T34650日圓～
室洋室268、和室2 IN14:00 OUT12:00
🚉六甲Liner Island Center站直通 Ｐ有
MAP136

享有全球喜來登特有的空間與服務。山
景的高樓層客房，可以一覽號稱1000
萬美元的神戸夜景。

六甲人工島 Ⓗ 廣場神戸酒店
ホテルプラザ神戸　⊞ Ⓒ 🛏 🛎

☎078-846-5400
💴S13860日圓～、T21945日圓～ 室洋
室139 IN15:00 OUT12:00 🚉六甲Liner
Island Center站步行3分
Ｐ有　MAP136

複合設施內有各種流行服飾美術館等可供
參觀。最高樓層可以一覽神戸的美麗景
色。

六甲山 Ⓗ 六甲山ホテル
ろっこうさんホテル　⊞ Ⓒ 🛎

☎078-891-0301 💴T15015日圓～ 室
洋室64、和洋室4、和室2 IN14:00
OUT11:00
🚌阪急六甲站搭乘往六甲山頂方面的阪
急巴士20分，六甲山ホテル前下車即到
(有接送巴士)Ｐ有　MAP123

1929年創業，已被登錄為近代化產業遺產的古
典飯店。可以享受看遍神戸、大阪的1000萬
美金夜景，和充滿綠意的占地內散步。西式、
和食、簡餐和烤肉等各種餐廳齊全。

三宮 Ⓗ サンサイドホテル
⊞ Ⓒ

☎078-232-3331 💴S5500日圓～、T9450日圓～
室洋室100 IN15:00 OUT10:00 🚉JR三ノ宮站步行5分
Ｐ有(契約停車場)　MAP別冊4F-4
POINT 交通便捷、客房電視可觀賞電影。

元町 Ⓗ R&Bホテル 神戸元町
アールアンドビーホテルこうべもとまち　⊞ Ⓒ 🚭

☎078-334-6767 💴S4500日圓～ 室洋室176 IN16:00 OUT10:00
🚉JR元町站步行3分　Ｐ有(特約停車場)　MAP別冊7C-2
POINT 客房都是單人房，最適合觀光和商務利用。早餐的現烤麵包和
水煮蛋、飲料免費。

三宮 Ⓗ KOBE TOKYU INN 神戸東急イン
こうべとうきゅういん　⊞ Ⓒ 🚭 🛏 🛎 🎁

☎078-291-0109 💴S11000日圓～、T22000日圓～ 室洋室235
IN15:00 OUT11:00 🚉JR三ノ宮站步行2分 Ｐ有(車高1.6m以內)
別冊4F-4
POINT 館內、客房設備均佳可以舒適投宿。1樓設有餐廳「香閣里拉」。

新神戸 Ⓗ 神戸格林希爾飯店
グリーンヒルホテル神戸　⊞ Ⓒ 🚭 🛏

☎078-222-0909 💴S6500日圓～、T13000円～
室洋室160 IN14:00 OUT11:00
🚉地下鐵新神戸站步行5分 Ｐ有　MAP別冊8E-2
POINT 提供各種住宿專案供選擇。餐廳備受好評。

在神戶的空中玄關口
神戶機場尋找伴手禮

神戶機場也是個可以待上一整天的好地方。
瞭望平台近距離看了飛機後
就到2樓的商店去找找神戶的伴手禮吧。

神戶機場（Marine Air）
こうべくうこうマリンエア

在海上的機場島。航站大廈很受歡迎，是個可以觀賞飛機與山、海、天空的瞭望景點，雖然面積不大，但卻有著相當紮實的商店和餐廳。

☎078-304-7777（神戶機場綜合服務處）
🏠神戶市中央区神戶空港1
🕐航站大廈為6:00〜23:00；商店和超商、餐廳等因店而異 🈳無休 🅿有
🚉港灣線神戶空港站即到
MAP 136
※航班可能變更。

各地⇒
神戶機場
所需時間

東京（羽田）機場出發
1小時15分
札幌（新千歲）機場出發
2小時
茨城機場出發
1小時20分
長崎機場出發
1小時
鹿兒島機場出發
1小時5分
沖繩（那霸）機場出發
1小時50分
石垣機場出發
2小時20分

神戶機場
⇒三宮

**海灣線神戶空港站
至三宮站**

所需時間 18分
票價 320日圓

除了近距離看看飛機之外，還看得到海上往來的船舶和遠方的六甲山

航站大廈有3層樓高

1樓是到達層,設有綜合服務處和超商、3樓是餐廳街、屋頂設有瞭望平台。伴手禮在位於2樓出發層的商店。

HAT TRICK
「KOBEAR玩偶」
1260日圓円
西雅圖出生的熊爸爸和六甲山出生的熊媽媽誕生。另有吊飾等約40種不同商品
MARINEAIR MART Ⅰ

南京町 皇蘭「神戶牛肉包」
5個入1260日圓円
神戶精品認定商品。 使用100%神戶牛肉的奢華肉包
MARINEAIR MART Ⅱ

たもん庵
たもんあん

可以低廉價格吃到道地讚岐烏龍麵的「自助式烏龍麵」店。

☎078-306-1366 ⏰6:30～21:00

神戶洋食キッチン
こうべようしょくキッチン

菜色都是參考古早洋食做出,甜點人氣也高。

☎078-303-3350 ⏰6:15～20:30

神戶フランツ
「神戶莓トリュフ」840日圓
可以吃到酸酸甜甜的野莓和白巧克力的柔順口感
MARINEAIR MART Ⅰ

神戶フランツ
「魔法の壺プリン」
4個入1470日圓
不施釉的陶壺裡,由奶油、濃郁布丁、自製焦糖的3層構成。味美而有深度
MARINEAIR MART Ⅰ

瞭望景點

看得到海、空、山的景色

除了看飛機之外,海上往來的船舶和遠方的六甲山都看得到,也是海上機場特有的景觀。屋頂層的露天的瞭望平台。

MARINEAIR MART Ⅰ
マリンエアマートワン

神戶機場航廈直營。適合送禮和作為伴手禮用的商品齊全,尤其是人氣很高的神戶甜點、神戶機場限定品等更值得注意。

☎078-303-6930
⏰6:15～20:45

MARINEAIR MART Ⅱ
マリンエアマートツー

神戶機場航廈直營。神戶、兵庫的美食商品應有盡有。機場便當、灘區的酒、明石的章魚、丹波的黑豆等之外,設有南京町專櫃也很特別。

☎078-303-6931 ⏰6:15～20:45

晚上會以屋頂瞭望平台為中心開啟燈飾

在神戶機場尋找伴手禮

3樓的餐廳街和食、洋食、咖啡廳等俱全,大大的窗戶可以看到飛機起降的模樣和瞭望大海。

135

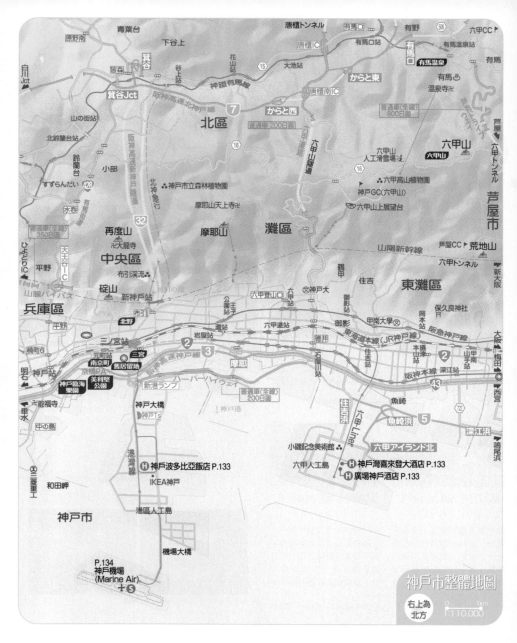

神戸市整體地圖

右上為
北方

0   1km
1:10,000

原野寺
青葉台
下谷上
唐櫃トンネル
有馬口
有野
六甲CC
箕谷
谷森
谷上站
唐櫃IC
有馬口站
有馬溫泉站
有馬
自川Jct
神鐵有馬線
花山站
大池站
有馬溫泉
溫泉寺卍
有馬
箕谷Jct
15
阪神高速北神戸線
7
からと東
六甲山
人工滑雪場
芦屋▶六甲トンネル
山の街站
からと西
北區
唐櫃南IC
六甲山
六甲
北鈴蘭台站
16
普通車 200日圓
六甲山
六甲山
芦屋市
鈴蘭台
小部
六甲高山植物園
すずらんだい
428
阪神高速新神戸隧道
北神急行
神戸GC(六甲山)
六甲山上展望台
水谷
有馬街道
神戸市立森林植物園
六甲山隧道
普通車(全線)
350日圓
32
再度山
摩耶山天上寺卍
灘區
山陽新幹線
芦屋CC▶荒地山
平野
天王谷IC
卍大龍寺
摩耶山
六甲トンネル
新大阪
ひよどり
ごえIC
中央區
布引溪流
鶴甲
住吉
東灘區
大阪
兵庫區
碇山
新神戸站
山麓バイパス
布引
六甲登山口
神戸大
御影塚
甲南大學
保久良神社
岡本
平野
楠町6
三ノ宮站
王子
公園站
摩耶站
六甲道站
御影
阪急神戸線
本山
山甲
手南
2
橘町6
三宮
岩屋站
2
東海道本線(JR神戸線)
徳井
住吉站
本庄
山手站
明石
神戸站
南京町
舊居留地
3
阪神高速神戸線
石屋川站
阪神本線
深江站
43
卍能福寺
神戸臨海樂園
美利堅公園
ハーバーハイウェイ
新港ランプ
普通車(全線)
200日圓
魚崎
深江浜
垂水
京Pセ
中の島
神戸大橋
神戸TS
神戸港
六甲Liner
魚崎浜
5
772
鳴尾浜
三菱重工
港灣線
和田岬
港區人工島
小磯記念美術館
住吉浜
六甲アイランド北
神戸波多比亞飯店 P.133
IKEA神戸
六甲人工島
神戸灣喜來登大酒店 P.133
機場大橋
廣場神戸酒店 P.133
神戸市
P.134
神戸機場
(Marine Air)

ことりっぷ
前往神戶的交通方式

移動本身也是旅行的一個部分，所以希望能夠又快又舒適。
這次旅程能夠更愉快的，
一目瞭然的就是「ことりっぷ」的交通方式了。

◆ 大阪、京都往神戶

京都出發搭JR，大阪出發時
JR、阪急、阪神都可以。
請配合目的來選擇交通工具。

大阪出發時，JR、阪急、阪神都是一直線到神戶。重視速度時搭JR，享受神戶品味時搭阪急，而想要沉浸在老街風情裡慢慢走就是阪神了。京都出發時JR不必轉車最為方便；河原町方面出發時則搭阪急。

出發地點	交通工具	路線	需時	價格
大阪		梅田站→阪急特急→神戶三宮站	27分	310日圓
		大阪站→JR神戶線新快速→三ノ宮站	20分	390日圓
京都		京都站→JR京都、神戶線新快速→三ノ宮站	50分	1050日圓
大阪國際（伊丹）機場		大阪國際（伊丹）機場→機場巴士→三宮站前	40分	1020日圓
神戶機場		神戶空港站→港灣線→三宮站	18分	320日圓

◆ 神戶前往郊外時

阪神間要去哪裡，靠山的地點搭阪急，
中央搭JR，而靠海就搭阪神沒錯。

先記住可以轉乘的車站會很方便，像是步行3分鐘的JR攝津本山站和阪急岡本站、JR灘站和阪神岩屋站等都是。想去有馬溫泉和六甲山時，別忘了要多預留時間。

前往地點	交通工具	路線	需時	價格
有馬溫泉		三宮站→市營地下鐵→谷上站→神戶電鐵（有馬口站轉乘）有馬溫泉口站	27分	900日圓
六甲山		三ノ宮站JR神戶線新快速→六甲道站→神戶市巴士→六甲ケーブル下站→六甲電纜車→六甲山上站	30分	930日圓
阪神間		三宮站→阪急普通→芦屋川站	14分	220日圓

🚃 也有這種車票

スルッと KANSAI

株式會社スルッとKANSAI發行的卡票，除了觀光巴士和纜車等部分交通工具之外，幾乎可以搭乘所有路線的車子，也可以用來買票。發售公司的不同會有彩虹卡、スルッとKANSAI、Lagare卡等不同的名稱，但可以搭乘的區域相同。

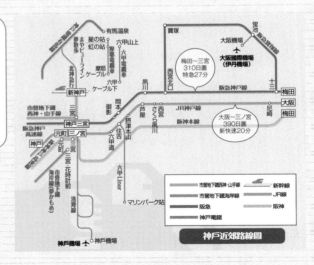

神戶近郊路線圖

符號說明 ✈ 飛機　🚄 新幹線　🚃 JR、私鐵　🚌 巴士

各地前往神戶

新幹線到新神戶站，JR一般路線在三ノ宮站下車。
搭飛機則由神戶機場搭乘港灣線。

神戶市的大門，是位於山麓的山陽新幹線新神戶站，而JR一般路線則在三ノ宮站，有特急和新快速列車停靠。飛機則在神戶港外海的海上機場、神戶機場發抵。機場到三宮需搭乘新交通系統的港灣線，約18分鐘。由此處到神戶時，可以參考這些交通方式。

出發地點	交通工具	路線	需時	價格
東京	🚄	東京站→新幹線のぞみ→新神戶站	2小時52分	14670日圓
	✈	羽田機場→ANA、SKY→神戶機場	1小時15分	22500日圓 (SKY12800日圓〜)
名古屋	🚄	名古屋站→新幹線のぞみ→新神戶站	1小時5分	7950日圓
札幌	✈	新千歲機場→ANA、SKY→神戶機場	2小時	41300日圓 (SKY14800日圓〜)
仙台	✈🚌	仙台機場→ANA JAL JEX IBX→大阪國際（伊丹）機場→機場巴士→三宮站	2小時30分	31820日圓
茨城	✈	茨城機場→SKY→神戶機場	1小時20分	11800日圓
金澤	🚃	金澤站→JR特急サンダーバード→新大阪站→JR神戶線新快速→三ノ宮站	3小時12分	8070日圓
大阪	🚃	大阪站→JR神戶線新快速→三ノ宮站	20分	390日圓
高松	🚃🚄	高松站→快速マリンライナー→岡山站→新幹線のぞみ→新神戶站	1小時35分	7390日圓
廣島	🚄	廣島站→新幹線のぞみ→新神戶站	1小時15分	9940日圓
福岡	🚄	博多站→新幹線のぞみ→新神戶站	2小時15分	14570日圓
熊本	🚄	熊本站→新幹線さくら→新神戶站	3小時7分	17700日圓
那霸	✈	那霸機場→ANA、SKY→神戶機場	1小時55分	34200日圓 (SKY15800日圓〜)

🚌 也可以搭乘巴士旅行

巴士旅行既是不必轉乘的輕鬆旅程，也比新幹線和飛機更便宜。巴士有夜行、日間等眾多的班次，搭乘夜行巴士時，還可以在當地玩個1整天。搭巴士出遊之前，別忘了先訂票和弄清楚搭車地點。

🚃 用青春18車票的慢行之旅

青春18きっぷ（青春18車票）是可以1整天無限制搭乘JR的快速、新快速的車票，悠閒地搭著火車的慢行之旅，說不定在途中會有什麼想不到的新發現呢。一張票可以用5日（人），11500日圓。配合春假、暑假、寒假期間發售。

詢問處

飛機
JAL（日本航空）
............☎0570-025-071
ANA（全日空）
............☎0570-029-222
SKY（SKYMARK航空）
............☎050-3116-7370
AMX（天草航空）
............☎0120-889-489
IBX（IBEX航空）
............☎0120-686-009

火車
JR西日本、顧客中心
............☎570-00-2486
JR東日本、JR East電話服務
............☎050-2016-1600
JR東海、電話中心
............☎050-3772-3910
JR九州、服務中心
............☎050-3786-1717
神戶市營地下鐵
............☎078-392-3034
港灣線（神戶新交通）
............☎078-302-2500

※以上詢問處基本上使用的語言是日文，
　請注意。

ことりっぷ推薦
可使用行動電話的網站

國內線.com（日文網站）
可以檢索、購買日本國內航空公司的
路線
http://m.kokunaisen.com（行動電話）
http://www.kokunaisen.com/（PC）

駅探（日文網站）
可以檢索飛機電車的時刻、票價
http://1069.jp（行動電話）
http://ekitan.com/（PC）

也可以利用到大阪
的交通工具

最方便的交通工具當然是直達神戶
的，但如果沒有可供直達的交通工
具，則可以思考先進大阪，大阪～
神戶之間的電車只需30分鐘左右。
大阪國際機場（伊丹機場）搭機場
巴士到三宮約40分鐘。

札幌機場

金沢
茨城
東京
羽田
神戶（新神戶）
名古屋
広島　岡山　　大阪
神戶機場
高松
福岡（博多）
長崎
熊本
鹿児島

靈活運用飛機
的折扣機票

航空公司都會提供像是購買雙程票，或
是早鳥票、特定班次機票等的折扣票
種。活用每家航空公司都會推出的折扣
機票制度，享受一趟低廉的空中之旅
吧。

139

index

景點　餐廳　咖啡廳　商店、購物　飯店

141

ℹ景點 ℝ餐廳 ⓒ咖啡廳 Ⓢ商店、購物 ℍ飯店

好吃！
味道和設計都是
頂級的蛋糕

KOBE SWEETS

SIGNBOARD

在路上跳舞的
巧克力店的
招牌

OBJECTS & SCENERY

還會再來哦！
愉快的神戶！

在神戶找到的
可愛的物品

這本書終於要劃下句點了。
我們集合了
這次採訪時找到的可愛物品。
把你在神戶遇到的
快樂回憶和風景
加到空白的地方吧。

ZAKKA

ZAKKA、雜貨。
也有手工製品和作家作品

SHOES

COIN BOX

鞋子穿不完的神戶
低廉、優質、
可愛的鞋子

舊居留地裡
電話亭都
很歐洲

143

ことりっぷ co-Trip
小伴旅

神戶

【co-Trip日本系列 5】

神戶小伴旅

作者／MAPPLE 昭文社編輯部
翻譯／張雲清
校對／藍雯威
發行人／周元白
製版印刷／長城製版印刷股份有限公司
出版者／人人出版股份有限公司
地址 ／ 23145新北市新店區寶橋路235巷
6弄6號7樓
電話／（02）2918-3366（代表號）
傳真／（02）2914-0000
網址／www.jjp.com.tw
郵政劃撥帳號／
16402311人人出版股份有限公司
經銷商
聯合發行股份有限公司
電話／（02）2917-8022

第一版第一刷／2013年12月
第一版修訂第二刷／2014年7月
定價／新台幣280元